CAR GRAPHIC PHOTO COLLECTION

Group C
Le Mans 24h 1982-1991
photograph FUJIO HARA

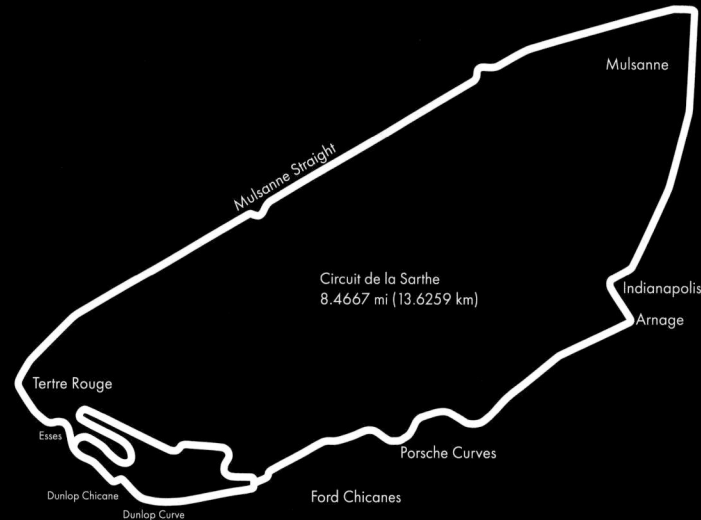

「世界最大の草レース」——そんな言い方をされていたことを思い出す。ある意味とても的を射た表現だと思う。80年代、コースオフィシャルの多くは地元の人々で、普段はパン屋の職人だったりした。当時参加していたチームといえば、初めて知るマシーンやドライバーたちも多くいた。コースもただの田舎道のようで、とても驚いた記憶がある。そのコース上でドライバーは0.1秒を争う。彼らをサポートするためにチームメカが出来たことといえば、ピットから数kmも離れた場所で頼りないサインボードを掲げることだけだった。その距離を繋いでいたのも、とても旧式なピット電話のみ。ドライバーはひとたびピットを離れれば、一切のサポートも無く、自身の力量だけを試される本当にアナログな時代だった。デジタル中心になった今でも、レースに関わる人々の織り成すドラマこそが、モータースポーツ最大の魅力だと思う。

原　富治雄

1990 Paddock Stand

1982 Ceremony

1984 Driver's Parade

13:30

1982 F.Migault

1982 Start

1985 Ford Chicanes

1982 Mulsanne Corner

1984 Indianapolis

1985 Indianapolis

1984 Mulsanne Corner

20:00

1986 Ford Chicanes

1990 Ford Chicanes

1984 Esses Corner

21:30

1989 Main Straight

22:30

1991 Pit Road

1989 Dunlop Bridge

5:50

1984 Main Straight

1987 Dunlop Bridge

1990 Pit Road

8:30

1989 Pit Lane

16:10

1989 Pit Lane

16:15

1983 Main Straight

16:25

1989 Main Straight

1983 Parc Ferme

1982

あまりにも圧倒的な勝利だった。50回目を迎えたルマン24時間レースを公式予選から決勝レースまで支配したのは、ポルシェワークスが送り込んだ3台のロスマンズカラーに身を纏ったポルシェ956であった。

レースは、この年から新たに定められた車両規則であるグループCの車両によって争われることになった。しかし参加車両があまりに少なくなることを防ぐため、旧来のグループ6も条件付きで参加が認められた。ここにポルシェが投入したのが後に名車と数えられることになる新型車956であった。

新規定初年度であるにもかかわらず、956はどの新グループCカーよりもはるかに完成度の高いマシーンだった。旧グループ6の延長にグループCを捉えていた既存のコンストラクターに対し、ポルシェはFIA（現FISA）による新車両規則策定にも深く関わっており、グループCというカテゴリーを知り尽くし、ある意味自分たちが有利になるよう規則を引き寄せることまでして、「次世代のマシーンであるべきグループCの完成形」を当初から実戦に投入することができたのである。

956の対抗馬は、おそるおそる新カテゴリーに参入したグループCカーたちではなく、それまでグループ6として戦い熟成されてきたランチアLC1であった。LC1はオープンボディのプロトタイプカーであったが、1400cc直列4気筒ターボ過給エンジンを搭載してルマンの出場資格を充たし、パワーでは劣るもののグループC独特の燃料総量規制を受けず、640kgの軽さと信頼性で956に立ち向かった。

実際、ルマン前に開催された82年の世界選手権ではLC2は956を苦しめる存在であった。だがルマンでは、決勝スタート早々にトラブルを起こし戦いから脱落していった。一方956は、序盤こそ実績のあるDFLを搭載するグループCカーたちの先行を許したが、安定したペースで走り続けて順位をじりじり上げ、夜が明ける頃には上位を独占することになった。

最終的に優勝はロスマンズポルシェのジャッキー・イクス／デレック・ベル組で、ロスマンズカラーのワークス956は、その威力を見せつけポルシェ時代の到来を告げるように隊列を組んで1-2-3フィニッシュを果たした。優勝したイクスはグループ6時代からまたいでルマン2連勝、通算6勝を記録。耐久ドライバーとしてイクスの名声を確立したレースでもあった。

Mulsanne Corner / Lancia LC1

Pit Road / R.Patrese • P.Ghinzani

Mulsanne Corner / Peugeot WM-P82

Ford Chicanes / Ferrari 512BB LM

Mulsanne Corner / Ford C100

Mulsanne Corner / Dome RC82

Ford Chicanes / Rondeau M382

Ford Chicanes / Mazda RX-7 254

Esses Corner / Porsche 935

50th 19-20 June 1982

Starters: 55 / Classified: 18 / Track Length: 13626m

Pos	No.	chassis	team	drivers	class	laps	distance	qualify	Q. time
1	1	Porsche 956	Rothmans	Jacky Ickx / Derek Bell	C	359	4899	1	3'28"40
2	2	Porsche 956	Rothmans	Jochen Mass / Vern Schuppan	C	356	4858	2	3'29"32
3	3	Porsche 956	Rothmans	Hurley Haywood / Al Holbert / Jürgen Barth	C	340	4640	14	3'39"85
4	79	Porsche 935	John Fitzpatrick Racing	John Fitzpatrick / David Hobbs	GTX	329	4488	27	3'48"50
5	78	Porsche 935 K3	Cooke Racing-BP	Dany Snobeck / François Sérvanin / Réne Metge	GTX	325	4432	34	3'52"60
6	70	Ferrari 512 BB	Prancing Horse Farm Racing	Pierre Dieudonné / Carson Baird / Jean-Paul Libert	GTX	322	4388	40	3'28"40
7	32	Aston Martin NIMROD	Viscount Downe Pace Petroleum	Ray Mallock / Simon Phillips / Mike Salmon	C	317	4321	23	3'46"34
8	60	Porsche 935 K3	Charles Ivey Racing	John Cooper / Paul Smith / Claude Bourgoignie	Gr.5	316	4307	21	3'44"92
9	72	Ferrari 512 BB	NART	Alain Cudini / John Morton / John Paul, Jr.	GTX	306	4183	37	3'54"07
10	25	Rondeau M 379 C FORD	Primagaz	Pierre Yver / Bruno Sotty / Lucien Guitteny	C	306	4178	35	3'52"69
11	77	Porsche 935 K3	Garretson Developments	Anne-Charlotte Verney / Bob Garretson / Ray Ratcliff	GTX	299	4075	43	3'28"40
12	66	Lancia Beta MC	Jean-Marie Lemerle / Sivama Motor	Jean-Marie Lemerle / Max Cohen-Olivar / Joe Castellano	Gr.5	295	4030	47	4'02"58
13	90	Porsche 934	Richard Cleare Racing	Richard Cleare / Tony Dron / Richard Jones	Gr.4	291	3970	48	4'04"30
14	82	Mazda 254	Mazdaspeed Co., Ltd.	Yojiro Terada / Takashi Yorino / Allan Moffat	GTX	282	3854	50	4'04"74
15	38	Rondeau M 382 FORD	Bussi Team	Christian Bussi / Pascal Witmeur / Bernard de Dryver	C	279	3814	36	3'52"90
16	87	Porsche 924 GTR	B.F. Goodrich	Jim Busby / Doc Bundy / Marcel Mignot	GTO	272	3714	55	4'14"07
17	81	Chevrolet Camaro	Stratagraph Inc.	Billy Hagan / Gene Felton	GTO	269	3670	33	3'52"59
18	61	BMW M1	Total S.A.	Ronald Ennequin / Michel Gabriel / Franco Gasparetti	Gr.5	259	3541	39	3'55"40

★ Pole Position: 3'28"40 = 235.381km/h Jacky Ickx / Porsche956 #1
★ Fastest Lap: 3'36"9 = 226.166km/h J. Ragnotti / Rondeau M382 #12
★ Average Speed: 204.128km/h

Main Straight

Porsche 956 / J.Ickx

Pit Road / J.Ickx

Pit Road / Ferrari 512BB LM

Place des Jacobins / M.Hayashi

Mulsanne Corner

Y.Terada・T.Yorino

Pit Garage

Mulsanne / Timing Pit

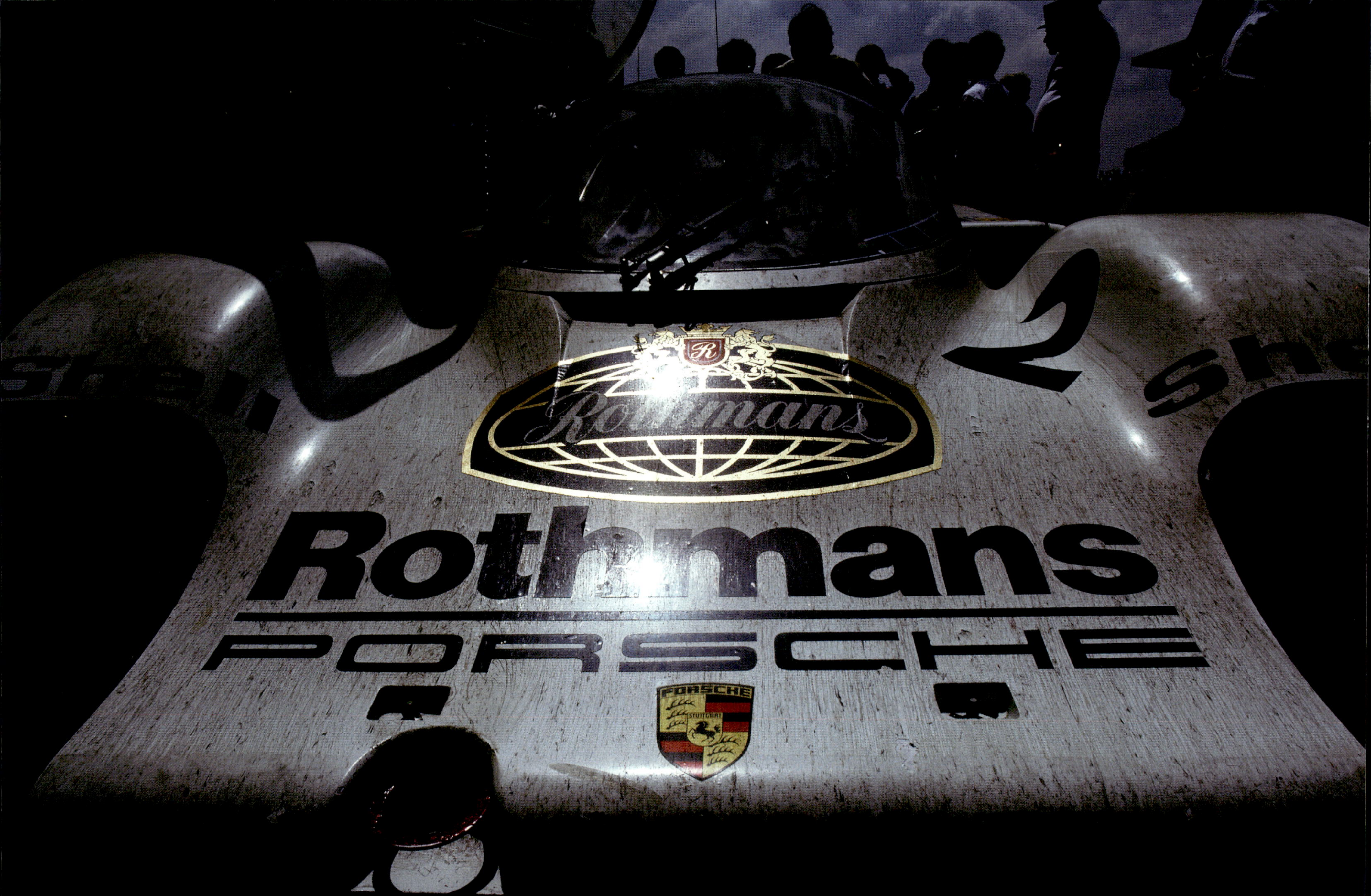
Rothmans
Rothmans
PORSCHE
PORSCHE

1983

　本格的にグループC規格で開催されることになった1983年の世界スポーツプロトタイプカー選手権に、ポルシェは前年の優勝車956の市販仕様を開発して広くプライベートチームに供給、グループCレースを支えた。ルマンにはワークス3台を含めて11台の956が出場、大勢力を形成した。

　一方、前年グループ6のLC1で956に対抗したランチアは、956打倒を目指し新たに正式にグループC規格に適合したマシーンLC2を開発した。クローズドボディにフェラーリのターボ過給エンジンを搭載、唯一956に対抗できる戦闘力を発揮できるマシーンだった。しかしポルシェもワークス956に関しては車重を大幅に軽減するとともにエンジンマネージメントシステムを進化させ対抗した。

　グループCは、燃費と速さのバランスを競うレースだ。「速さ」だけで勝てないことを、ポルシェはよくわかっていた。それに対しLC2は、ポルシェを上回る最大パワーを発揮したものの燃費を軸にしたエンジンマネージメントコントロールの面では遅れていた。さらにランチアはミケーレ・アルボレート、テオ・ファビらF1ドライバーを起用してルマンに臨んだ。その点でもランチアの戦い方は時代錯誤であった。

　予選でこそワークス956に割って入る2番手、4番手に食い込んだものの、決勝レースが始まるとトラブルが続発して遅れ、予想通り956の独壇場になった。スタートして4時間後には上位10位を956が占め、結局レースはほぼそのまま推移して終わった。

　優勝は前年同様ロスマンズカラーに飾られたワークス956を駆るバーン・シュパン／ハーレイ・ヘイウッド／アル・ホルバート組。前年優勝のイクスはアクシデントで遅れたが終盤驚異的な追い上げを見せて首位に1分差まで迫り見せ場を作ったが、結局2位でフィニッシュした。BMWエンジンを搭載するザウバーC7が9位に入賞した以外は上位10台中9台が956というポルシェの圧勝に終わった。

　この年、下位クラスとしてグループCジュニアが新設されたのを受け、マツダはこれまでの量産マツダRX-7ベースのマシーンを脱し、レース専用車であるマツダ717CをグループCジュニアとして開発。マツダスピードとしてエントリーしてで本格参戦を始めた。717Cは総合12位に入賞、クラス優勝を飾っている。

Finish Line / Porsche 956

Indianapolis / Rondesu M482

Ford Chicanes / Porsche 956

Ford Chicanes / Porsche 956

Esses Corner / Porsche 956

Pit Road / Lancia LC2

Place des Jacobins / Mazda 717C

51th 18-19 June 1983

Starters: 51 / Classified: 20 / Track Length: 13626m

Pos	No.	chassis	team	drivers	class	laps	distance	qualify	Q. time
1	3	Porsche 956	Rothmans	Vern Schuppan / Hurley Haywood / Al Holbert	C	370	5047.934	8	3'28"36
2	1	Porsche 956	Rothmans	Jacky Ickx / Derec Bell	C	370	5044.584	1	3'16"56
3	21	Porsche 956	Kremer Racing	Mario Andretti / Michael Andretti / Philippe Alliot	C	364	4962.650	9	3'28"89
4	12	Porsche 956	Joest Racing	Volkert Merl / Clemens Schickentanz / Mauricio de Narväez	C	361	4927.218	10	3'29"48
5	16	Porsche 956	John Fitzpatrick Racing	John Fitzpatrick / Guy Edwards / Rupert Keegan	C	358	4887.404	11	3'29"98
6	8	Porsche 956	Joest Racing	Klaus Ludwig / Stefan Johansson / Bob Wollek	C	354	4829.829	5	3'23"75
7	18	Porsche 956	Obermaier Racing	Axel Plankenhorn / Desiré Wilson / Jürgen Lässig	C	347	4736.462	13	3'31"12
8	14	Porsche 956	Canon Racing / GTi Engineering	Jonathan Palmer / Jan Lammers / Richard Lloyd	C	339	4622.008	6	3'27"48
9	46	Sauber C7 BMW	Sauber Team Switzerland	Diego Montoya / Tony Garcia / Albert Naon	C	338	4606.032	34	3'50"00
10	47	Porsche 956	Preston Henn T-Bird Swap	Preston Henn / Jean-Louis Schlesser / Claude Ballot-Léna	C	327	4463.477	24	3'40"31
11	93	Porsche 930	Charles Ivey Racing	John Cooper / Paul Smith / David Ovey	B	303	4141.157	50	4'18"26
12	60	Mazda 717C	Mazdaspeed	Takashi Yorino / Yojiro Terada / Yoshimi Katayama	C Jr.	302	4122.093	44	4'06"13
13	92	Porsche 930	Georg Memminger	Georg Memminger / Heinz Kuhn-Wiess / Fritz Müller	B	299	4080.930	49	4'16"07
14	54	URD C81 BMW	Valentin Bertapelle	Bruno Scotty / Gérard Cuynet	C	292	3991.120	36	3'52"44
15	95	Porsche 930	Equipe Alméras Fréres	Jean-Maris Alméras / Jacques Alméras / Jacques Guillot	B	279	3808.874	47	4'13"19
16	10	WM P83 Peugeot	WM Secateva	Roger Dorchy / Alain Courdec / Pascal Fabre	C	278	3789.160	19	3'36"55
17	41	EMKA C2 AstonMartin	EMKA Productions	Tiff Needell / Steve O'Rourke / Nick Faure	C	275	3747.874	26	3'42"23
18	61	Mazda 717C	Mazdaspeed	Steve Soper / Jeff Allam / James Weaver	C Jr.	267	3646.511	43	4'05"92
19	29	Rondeau M382 Ford	Christian Bussi	Daniel Herregods / Jean-Paul Libert / Pascal Witmeur	C	265	3611.141	37	3'53"19
20	96	Porsche 930	Michel Lateste	Raymond Touroul / Michel Lateste / Michel Bienvault	B	264	3610.749	51	4'23"80

★ Pole Position: 3'16"56 = 249.560km/h Jacky Ickx / Porsche956 #1
★ Fastest Lap: 3'29"7 = 233.922km/h Jacky Ickx / Porsche956 #1
★ Average Speed: 210.330km/h

Pit Area

Paddock

Pit Area

Ma.Andretti・Mi.Andretti

T.Yorino・M.Katayama・Y.Terada

Pit Garage / D.Warwick

Lancia LC2 / M.Alboreto

P.Streiff・J-P Jaussaud

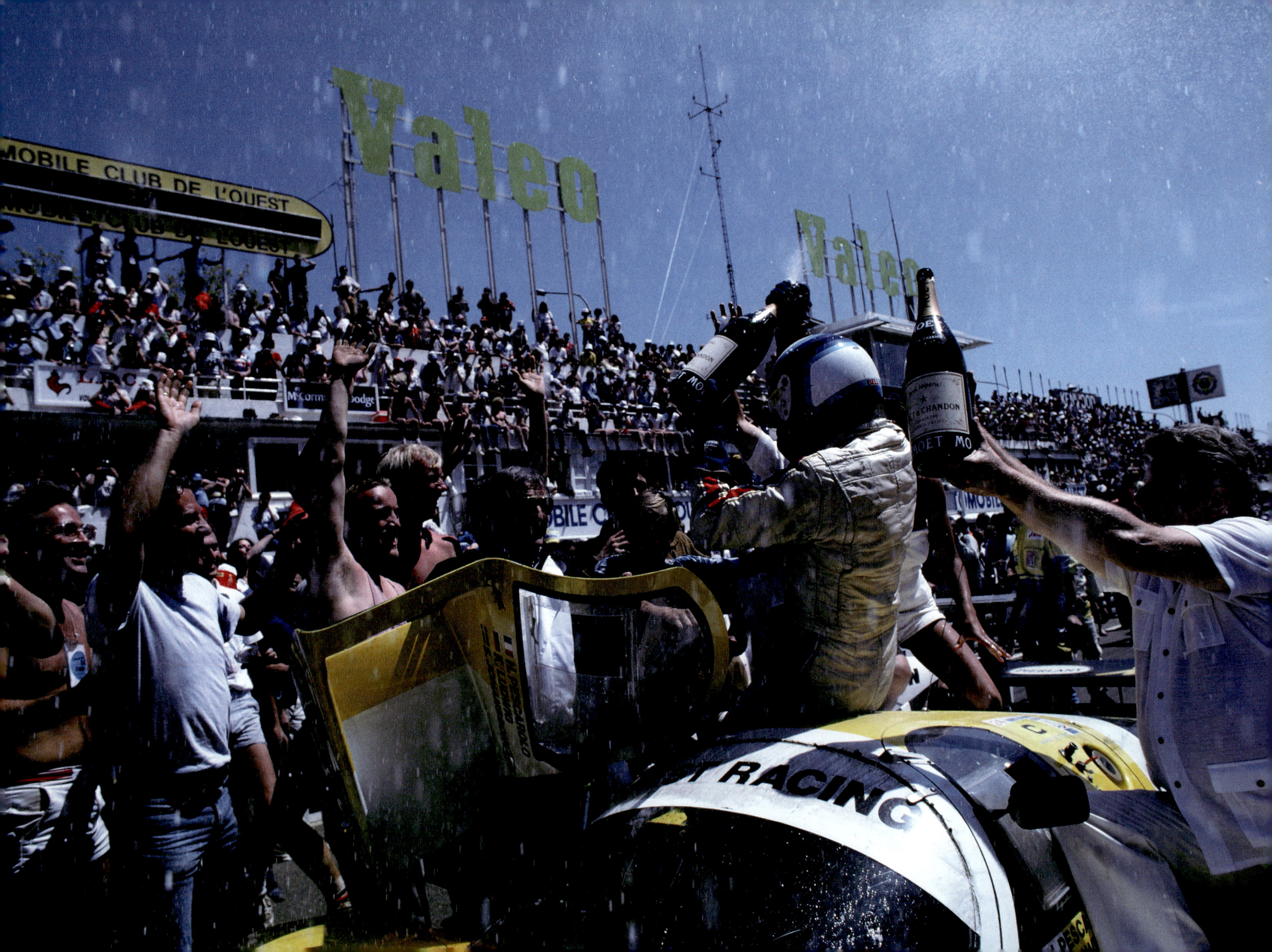

Valeo
MOBILE CLUB DE L'OUEST
Valeo
MOET & CHANDON
RACING

1984

　ジャッキー・イクスが「ルマンのキング」と呼ばれるなら、アンリ・ペスカロロは「ルマンの職人」である。60年代終盤からルマンを闘い70年代にはマトラで3連勝を記録、その後もロンドーなどでルマン挑戦を続けてきた。そのペスカロロが18回目のルマン参加に際して乗り込んだのはポルシェ956であった。彼が956に乗るのはこれが初めてのことだった。

　実はこの年、ポルシェのワークスチームはルマン24時間レース欠場を決めた。82、83年とポルシェワークスがあまりにも圧倒的な強さを示し、プライベートチームがルマン参加を避ける動きが見え始めたため、ルマンのレースを主宰するACO（フランス西部自動車クラブ）がアメリカのIMSAと接触、ポルシェワークスには不利な給油ルールでチームを招聘したことに抗議したからだという説がもっぱらだ。

　それだけではなく水面下では少しずつ潮流が変わり始めていた。ポルシェのカスタマーチームは956の弱点を理解し始め、それぞれ独自の改造を自分たちのマシーンに加え始めたのだ。改造はエンジンの排気量アップやエンジンマネージメントシステムに及んだ。

　一方ランチアは相変わらず力で押し通す戦略をとり、LC2のエンジンをパワー、燃費共に改善し956への対抗姿勢を強めた。しかし相変わらず壊れやすかった。ジャガーが、IMSAで活動していた自然吸気SOHC6000ccエンジンを搭載したXJR-5を持ちこんだのは新しい流れのひとつであった。

　予選では、ランチアLC2/84の2台がその速さを見せつけ最前列を占めた。そして始まった決勝は、スタートからスプリントレースのような展開になった。ここでもルマンは変わろうとしていた。これまでにないハードなレースでも結局決勝で安定した速さと強さを見せたのは、カスタマーながらも956で、優勝はイエストの排気量拡大型956に乗るアンリ・ペスカロロ／クラウス・ルドヴィック組であった。

　ワークスのいない穴を、ルマン職人ペスカロロは見事に埋めて、956に襲いかかろうとするライバルを打ち破った。そして自身4回目となる総合優勝を飾ったのである。結局レースはトップ6を956が占めるというポルシェの圧勝に終わり、ワークスは参加しなくとも、ルマン及びグループCレースにおけるポルシェの覇権は揺るぎないものであることが証明されたのである。

Indianapolis / Lancia LC2

J-P.Jarier • V.Schuppan • A.Jones

Pit Road / H.Pescarolo

Pit Road / Lancia LC2

Pit Road / Porsche 956

Indianapolis / Porsche 956

Tertre Rouge / Lancia LC2

52th 18-19 June 1984

Starters: 53 / Classified: 22 / Track Length: 13626m

Pos	No.	chassis	team	drivers	class	laps	distance	qualify	Q. time
1	7	Porsche 956B	New-Man Joest Racing	Henri Pescarolo / Klaus Ludwig	C1	359	4900.276	4	3'28"42
2	26	Porsche 956	Henn's T-Bird Swap	Jean Rondeau / John Pul, Jr. / Preston Henn	C1	357	4873.979	26	3'44"05
3	33	Porsche 956B	John Fitzpatrick Racing - Skoal Bandit	David Hobbs / Philippe Streiff / Sarel van der Merwe	C1	350	4779.349	6	3'29"41
4	9	Porsche 956B	Brun Motorsport	Walter Brun / Prince Leopold von Bayern / Bob Akin	C1	339	4628.068	18	3'36"79
5	12	Porsche 956	Schornstein Racing - New-Man Joest Racing	Volkert Merl / Dieter Schornstein / John Winter	C1	339	4625.728	17	3'29"98
6	11	Porsche 956B	Kremer Racing	Vern Schuppan / Alan Jones / Jean-Pierre Jarier	C1	336	4586.850	7	3'33"14
7	20	Porsche 956	Brun Motorsport	Massimo Sigala / Oscar Larrauri / Joël Gouhier	C1	334	4555.610	11	3'39"20
8	4	Lancia LC2/84	Martini Racing (Lancia)	Bob Wollek / Alessandro Nannini	C1	325	4436.964	1	3'17"11
9	17	Porsche 956	Kremer Racing	Tiff Needell / David Sutherland / Rusty Frenach	C1	320	4369.392	9	3'32"18
10	68	Lola T616 Mazda	B.F. Goodrich	John O'Steen / John Morton / Yoshimi Katayama	C2	319	4357.491	39	3'56"43
11	93	Rondeau M379 Ford	Jean-Philippe Grand - Graff Racing	Jean-Philippe Grand / Jean-Paul Libert / Pascal Witmeur	C2	309	4213.706	31	3'47"46
12	67	Lola T616 Mazda	B.F. Goodrich	Jim Busby / Boy Hayje / Rick Knoop	C2	294	4016.821	40	3'56"68
13	37	Rondeau M482 Ford	McCormack and Dodge	Jim Mullen / Walt Bohren / Alain Ferté	C1	292	3989.823	24	3'41"98
14	109	BMW M1	Helmut Gall	Philippe Dagoreau / Jean-François Yvon / Pierre de Thoisy	B	291	3975.517	50	4'14"25
15	87	Mazda 727C	Mazdaspeed	Dave Kennedy / Jean-Michel Martin / Philippe Martin	C2	290	3963.113	43	3'58"43
16	106	Porsche 930	Claude Haldi	Claude Haldi / Altfrid Heger / Jean Krucker	B	284	3880.162	49	4'13"15
17	122	Porsche 911 SC	Raymond Touroul	Raymond Touroul / Valentin Bertapelle / Thierry Perrier	GTO	282	3852.273	51	4'18"16
18	123	Porsche 930	Equipe Alméras Fréres	Jean-Marie Alméras / Jacques Alméras / Tom Winters	GTO	268	3662.658	46	4'02"75
19	81	Alba AR2(001)-Giannini	Scuderia Jolly Club	Almo Coppelli / Domenico Pavia / Guido Daccó	C2	261	3569.281	37	3'52"77
20	86	Mazda 727C	Mazdaspeed	Pierre Dieudonné / Takashi Yorino / Yojiro Terada	C2	261	3567.973	33	3'47"60
21	80	Alba AR2(002)-Giannini	Scuderia Jolly Club	Martino Finotto / Carlo Facetti / Marco Vanoli	C2	257	3508.137	23	3'40"96
22	107	Porsche 928S	Raymond Boutinaud	Raymond Boutinaud / Philippe Renault / Giles Guinand	B	255	3475.991	54	4'28"74

★ Pole Position: 3'17"11 =248.864km/h Bob Wollek / Lancia LC2 #4
★ Fastest Lap: 3'28"9 = 234.818km/h Jacky Ickx / Porsche956 #1
★ Average Speed: 204.178km/h

Tertre Rouge / Porsche 956

Ford Chicanes / Dome C82

Tertre Rouge / Lancia LC2

Starting Grid / Mazda 727C

Indianapolis / Jaguar XJR-5

Porsche Curve / Lancia LC2

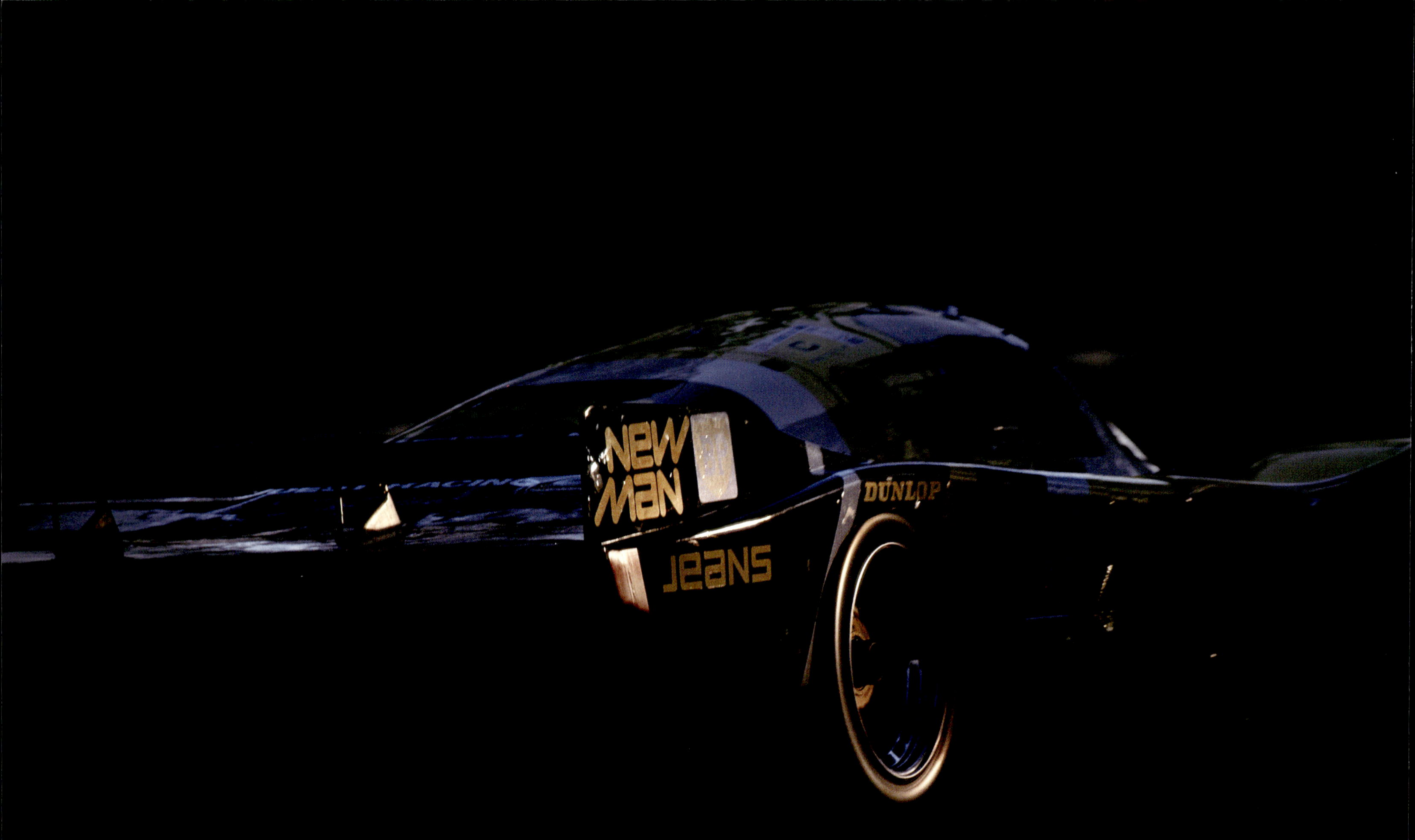
NEW MAN
jeans
DUNLOP

1985

　この年のルマンでは、使用可能燃料総量の規制が強まり、速さと燃費の両立がさらに厳しく追及されることとなった。話題になったのは、1955年に大事故を引き起こして以来レース活動を休止していたメルセデス・ベンツが公式にワークスでのレース活動再開を宣言し、ザウバーに排気量5000ccV型8気筒ツインターボ過給エンジンを供給してルマンに復帰したことだった。

　メルセデスはただ単にレースに復帰したわけではなく、グループCという技術規則についての解析を進め、これまではポルシェが先行していた解釈以外に正しい道があるのではないかと、大排気量V型8気筒エンジンに低いターボブーストを組み合わせる新しい技術的発想を持ちこんだ。しかしザウバーは、予選時に深刻なアクシデントを起こしたことを理由にC8の決勝出走を断念し、レースには旧型のBMWエンジン搭載C7で出走した。

　ジャガーのグループC参戦も、メルセデス・ベンツ同様新しいグループC解釈を探る取り組みの一環であった。ジャガーは言うまでもなくターボ過給をしない自然吸気大排気量多気筒エンジンで闘う点に可能性を見出していた。ただしこの年は新しいシャシー開発が間に合わず、昨年同様の体制でレースに臨まなければならなかった。

　ここにポルシェはワークスで復帰した。持ちこんだのは956に新しい安全基準適合の改造を加えた962Cであり、その基本的なコンセプトは956を引き継いでいた。962CはIMSA仕様の962とともに広くカスタマー供給されたため、この年も多くのカスタマー956/962Cがルマンに現れた。しかしカスタマーはカスタマーなりにワークスマシーンに対する疑問や異なる解釈を進めるようになり、エンジンの改良やフレームの改良などが加えられて同じ956/962Cにもいくつかのバリエーションが現れるようになった。

　決勝レースでは、満を持して復帰したはずのワークスポルシェは、独自の改良を加えて熟成させたイエストのカスタマー956にかなわず、クラウス・ルドヴィック／パオロ・バリッラ／ジョン・ヴィンター組の優勝を許し、2位に甘んじることとなった。長らくワークスポルシェのエースを務めていたイクスはこの年をもってレースからの引退を表明、ここでもひとつの時代が変わろうとしていた。

Porsche962C / J.Ickx

Indianapolis / Lancia LC2

Esses Corner / Porsche 956

Esses Corner / Jaguar XJR-5

Tertre Rouge / Porsche 962C

Indianapolis / Sauber C8

Ford Chicanes / Mazda 737C

Main Straight / Mazda 737C

Indianapolis / Tom's 85C-L

53th 15-16 June 1985

Starters: 49 / Classified: 24 / Track Length: 13626m

Pos	No.	chassis	team	drivers	class	laps	distance	qualify	Q. time
1	7	Porsche 956	New-Man Joest Racing	Klaus Ludwig / Paolo Barilla / John Winter	C1	373	5088.507	5	3'20"03
2	14	Porsche 956	Canon Racing / GTi Engineering	Jonathan Palmer / James Weaver / Richard Lloyd	C1	370	5047.439	10	3'25"58
3	2	Porsche 962C	Rothmans	Derek Bell / Hans-Joachim Stuck / Jacky Ickx	C1	366	4993.068	1	3'14"80
4	33	Porsche 956	John Fitzpatrick Racing	Jo Gartner / David Hobbs / Guy Edwards	C1	365	4979.264	14	3'32"84
5	10	Porsche 956	Kremer Racing	Mario Hytten / George Fouché / Sarel van der Merwe	C1	360	4916.537	8	3'24"13
6	4	Lancia LC2/85	Martini Lancia	Bob Wollek / Alessandro Nannini / Lucio Cesario	C1	359	4897.678	3	3'15"95
7	5	Lancia LC2/85	Martini Lancia	Henri Pescarolo / Mauro Baldi / Luis Cesario	C1	357	4869.453	7	3'23"46
8	26	Porsche 956	Obermaier Racing	Jürgen Lässig / Jesús Pareja / Hervé Regout	C1	356	4857.166	16	3'33"30
9	11	Porsche 962C	Kremer Racing	Jean-Pierre Jarier / Mike Thackwell / Franz Konrad	C1	355	4848.364	17	3'33"41
10	1	Porsche 962C	Rothmans	Jacky Ickx / Jochen Mass / Derek Bell	C1	347	4733.919	2	3'15"28
11	66	Emka Aston Martin	Emka Productions	Tiff Needell / Steve O'Rourke / Nick Faure	C1	337	4602.127	15	3'33"12
12	36	Toms 85C-L TOYOTA	TOYOTA Team Tom's	Satoru Nakajima / Masanori Sekiya / Kaoru Hoshino	C1	329	4486.933	33	3'48"67
13	44	Jaguar XJR-5	Group 44 Jaguar	Bob Tullius / Chip Robinson / Claude Ballot-Léna	GTP	323	4403.162	18	3'35"32
14	70	Tiga GC85 Ford	Spice Engineering	Gordon Spice / Ray Bellm / Mark Galvin	C2	311	4244.162	32	3'46"08
15	151	BMW M1	Helmut Gall	Edgar Dören / Martin Birrane / Jean-Paul Libert	B	308	4175.941	46	4'00"31
16	75	Gebhardt JC2/843 Ford	ADA Engineering	Ian Harrower / Steve Earle / John Sheldon	C2	298	4073.001	42	3'55"62
17	42	WM P85 Peugeot	WM Peugeot	Michel Pignard / Jean-Daniel Raulet / Jean Rondeau	C1	298	4066.853	25	3'43"07
18	39	Rondeau M382 Ford	Bussi Racing	Bruno Sotty / Jean-Claude Justice / Patrick Oudet	C1	290	3964.099	38	3'51"86
19	86	Mazda 737C	Mazdaspeed	Dave Kennedy / Philippe Martin / Jean-Michel Martin	C2	282	3853.027	48	4'00"78
20	13	Cougar C12 Porsche	Primagaz	Yves Courage / Alain de Cadenet / Jean-François Yvon	C1	278	3795.969	21	3'38"18
21	99	Tiga GC285 Ford	Roy Baker Promotions Ford	Paul Smith / Will Hoy / Nick Nicholson	C2	273	3724.785	50	4'05"13
22	34	March 84G Porsche	Kreeply Krauly Racing	Graham Duxbury / Christian Danner / Almo Coppelli	C1	269	3672.323	28	3'44"84
23	95	Sauber C-6 BMW	Roland Bassaler	Roland Bassaler / Dominique Lacaud / Yvon Tapy	C2	267	3649.303	49	4'02"88
24	85	Mazda 737C	Mazdaspeed	Yoshimi Katayama / Yojiro Terada / Takashi Yorino	C2	263	3590.741	44	3'57"73

★ Pole Position: 3'14"80 =251.815km/h Hans-Joachim Stuck / Porsche962C #2
★ Fastest Lap: 3'25"1 = 239.169km/h Jacky Ickx / Porsche962C #2
★ Average Speed: 212.021km/h

Pit Road / S.Nakajima

Pit Road / A.Nannini

Pit Road / D.Bell

Place des Jacobins / Lancia LC2

Cockpit / Porsche 962C

Pit Road / J.Mass

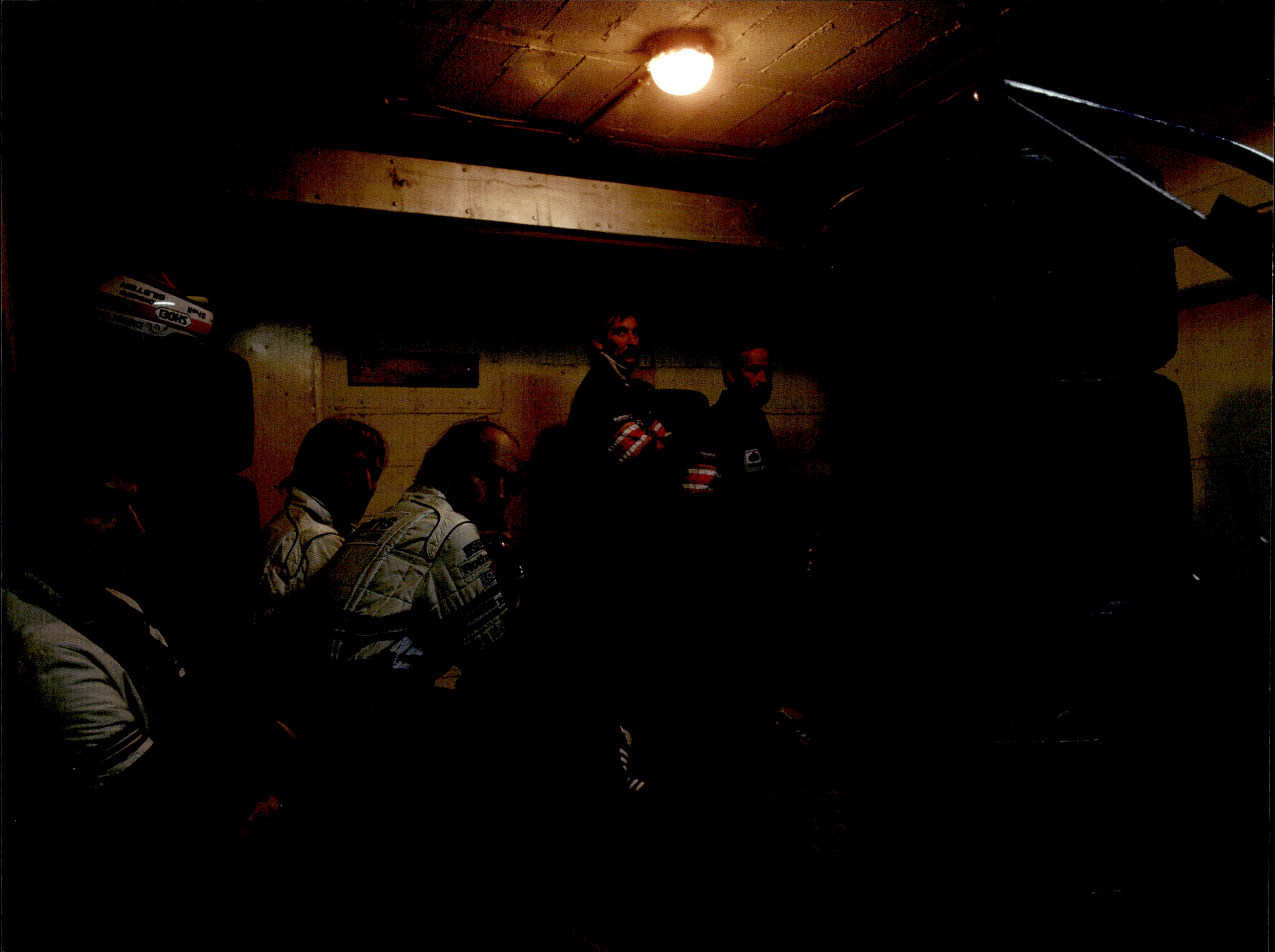

1986

　ポルシェも、グループCのレベルが上がったために、自分たちが最初に開発して圧倒的な強さと速さを示したポルシェ956/962Cの戦闘力が技術的な潮流から徐々にズレ始めていることを認識していた。

　これまでワークス962Cが搭載してきたのは、排気量2650ccの935/82型強制空冷水平対向6気筒エンジンであった。しかし空冷エンジンではエンジンの燃焼制御に限界があり限界の燃費競争には不利だ。ワークスはまず出力を上げるため、ある意味カスタマーチームに追従する形で排気量を拡大、その後で水冷化も進めた。また、セミオートマチックのPDK搭載も実戦テストするなど、様々な「あがき」を始めた。

　これに対し、ジャガーはトム・ウォーキンショウ・レーシング(TWR)のトニー・サウスゲートに最新のカーボンコンポジットモノコックを開発させ、自然吸気排気量6500ccのV型12気筒エンジンを搭載したXJR-6を実戦投入した。まさに「ポルシェに勝ちにいく」ためのマシーンであった。

　一方、日産はワークス体制でルマンに乗り込んできた。すでに日本国内シリーズや世界選手権日本ラウンドで実戦を重ねたマシーンではあったが、いささか信頼性に欠ける状態での参戦であった。またトヨタもその戦闘体制を整えたが依然としてWRC用エンジンを流用した直列4気筒4T-GTエンジンを搭載したマシーンでありその戦闘力は十分ではなかった。一方マツダはそれまでの2ローターエンジンを3ローターへ拡大、参加クラスを従来のC2からIMSA-GTPへ変更した757を開発、クラスを超えて総合上位入賞を狙う体制を本格化させた。

　予選では2連勝を狙うイエストポルシェがポールポジションを獲得した。決勝は前年よりもさらにペースが上がりスタート直後からスプリントレースのような激しい戦いとなった。その戦いの中、決勝でもイエストが首位を走るが独自に改良を加えたエンジンがトラブルを起こして首位のままレースから脱落、ワークス962Cのデレック・ベル／ハンス・ヨアヒム・スタック／アル・ホルバート組が優勝を果たした。

　しかしワークス3台のうち2台がリタイアしたほか、出走した14台の956/962Cのうち7台がフィニッシュできなかった。強さと速さを見せつけたポルシェ時代の陰りが見えていた。

Ford Chicanes / Porsche 962C

Ford Chicanes / Jaguar XJR-6 LM

Tertre Rouge / Porsche 962C

Pit Road / Porsche 936 CJ

Ford Chicanes / Sauber C8

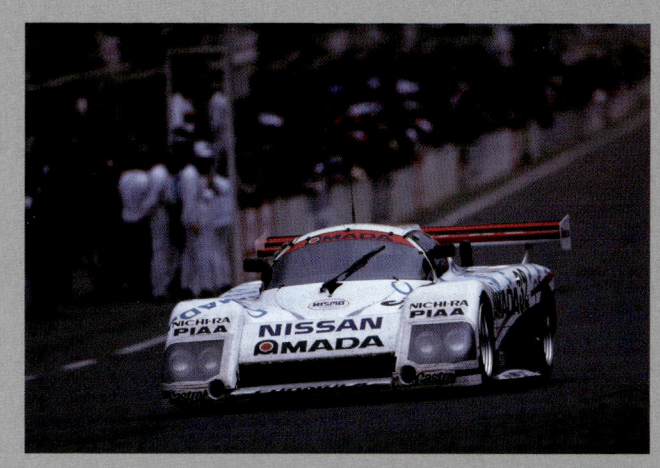

Main Straight / Nissan R85V

Ford Chicanes / Porsche 961

Esses Corner / Dome 86C-L

Pit Road / Mazda 757

54th 15-16 June 1986

Starters: 50 / Classified: 19 / Track Length: 13535m

Pos	No.	chassis	team	drivers	class	laps	distance	qualify	Q. time
1	1	Porsche 962C	Rothmans	Derek Bell / Hans-Joachim Stuck / Al holbert	C1	367	4972.731	2	3'16"60
2	17	Porsche 962C	Brun Motorsport	Oscar Larrauri / Jesús Pareja / Joël Gouhier	C1	359	4856.731	6	3'23"47
3	8	Porsche 956	Joest Racing	George Follmer / John Morton / Kenper Miller	C1	354	4796.734	11	3'27"37
4	33	Porsche 956	Danone Porsche España - John Fitzpatrick Racing	Emilio de Villota / Fermín Velez / George Fouché	C1	348	4720.555	20	3'35"99
5	9	Porsche 956	Obermaier Racing	Jürgen Lässig / Fulvio Ballabio / Dudley Wood	C1	344	4658.297	19	3'35"27
6	63	Porsche 936CJ	Ernst Schuster	Siegfried Brunn / Ernst Schuster / Rudi Seher	C1	343	4641.672	21	3'37"42
7	180	Porsche 961	Porsche	René Metge / Claude Ballot-Léna	GTX	320	4335.983	26	3'43"45
8	75	Gebhardt JC843 Ford	ADA Engineering	Ian Harrower / Evan Clements / Tom Dodd-Noble	C2	317	4295.236	42	3'56"99
9	14	Porsche 956	Liqui Moly Equipe	Mauro Baldi / Price Cobb / Rob Dyson	C1	317	4289.802	16	3'30"31
10	55	Porsche 956	John Fitzpatrick Racing	Philippe Alliot / Paco Romero/Michel Trollé	C1	311	4220.320	17	3'33"86
11	90	URD C83 BMW	Jens Winther, Castrol	Jens Winther / David Mercer / Lard Viggo Jensen	C2	309	4186.799	38	3'53"85
12	100	WM P85 Peugeot	VM Secateva	Claude Haldi / Roger Dorchy / Pascal Pessiot	C2	300	4070.800	34	3'48"55
13	47	Rondeau M482 Ford	Graff Racing	Jean-Philippe Grand / Jacques Goudchaux / Marc Menant	C1	298	4043.613	31	3'47"17
14	21	March 85G Porsche	Richard Cleare Racing	Richard Cleare / Lionel Robert / Jack Newsum	GTP	298	4040.634	32	3'47"32
15	78	Ecosse C285 Ford	Ecurie Ecosse	Les Delano / John Hotchkiss / Andy Petery	C2	292	3961.575	49	4'03"68
16	32	March 85G - Nissan R85V	Nissan Motorsport	James Weaver / Masahiro Hasemi / Takao Wada	C1	284	3850.511	33	3'47"35
17	102	Rondeau M379 Ford	Lucien Rossiaud	Noél del Bello / Lucien Rossiaud / Bruno Sotty	C2	277	3751.832	27	3'43"74
18	13	Cougar C12 Porsche	Primagaz Team Cougar	Yves Courage / Alain de Cadenet / Pierre-Henri Raphanel	C1	266	3599.712	10	3'26"98
19	70	Spice SE86C Ford	Spice Engineering	Gordon Spice / Ray Bellm / Jean-Michel Martin	C2	257	3485.328	23	3'40"47

★ Pole Position: 3'15"99 =248.486km/h Jochen Mass / Porsche962C #2 [result: did not finish (Accident)]
★ Fastest Lap: 3'23"3 = 239.551km/h Klaus Ludwig / Porsche956B #7 [result: did not finish (Engine)]
★ Average Speed: 207.197km/h

T.Wada・M.Hasemi・K.Hoshino

Start Ceremony

T.Suzuki・E.Elgh・B.Gabbiani・M.Sekiya・S.Nakajima

D.Bell・H.Stuck

Pit Road / E.Cheever

A.Suzuki・K.Hoshino・K.Matsumoto

Place des Jacobins

Pit Road

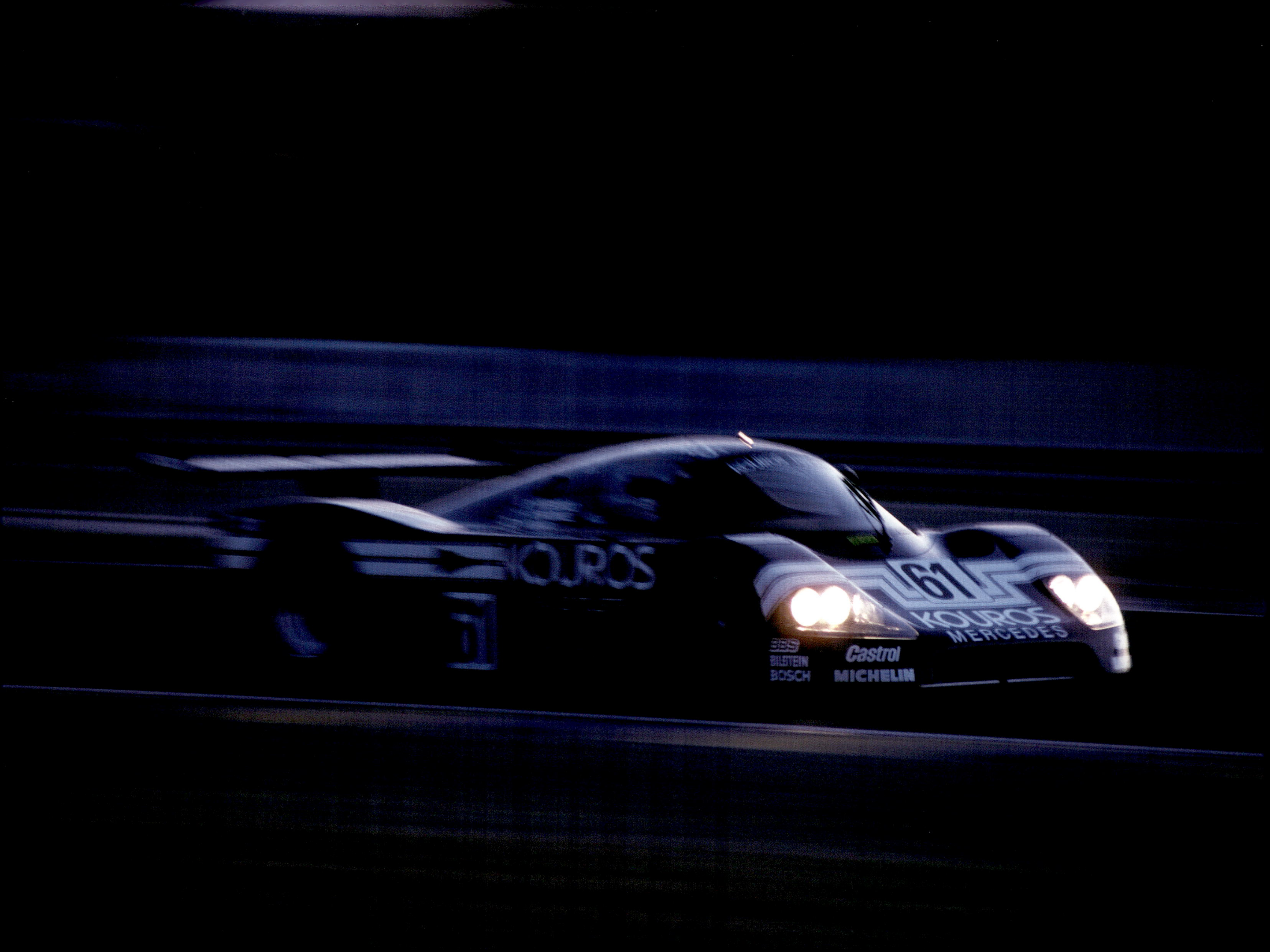

61
KOUROS
MERCEDES
Castrol
BILSTEIN
BOSCH
MICHELIN

1987

　グループCレースにひとつの時代の節目がやってきていた。ジャガーはマシーンの熟成を進め、自然吸気排気量7000ccのV型12気筒エンジンを搭載したジャガーXJR-8を開発、実戦に投入した。

　ポルシェは水冷ターボ過給水平対向エンジンの排気量を3000ccへと拡大して対抗しようとしたが、世界選手権が開幕するとまったくジャガーには歯が立たない状況だった。なにしろ962Cのフレームは依然としてアルミハニカム構造で、最新のカーボンコンポジット製モノコックと見比べれば旧式に過ぎた。エンジンのパワーが年々上がりタイヤ性能も向上するにしたがってフレームにかかる負荷は高まり、ポルシェカスタマーは剛性不足に悩まされた。多くのカスタマーが独自にカーボン素材を多用したモノコック製造やフレーム補強に走ったのはこうした苦境に対応するためだった。

　ザウバーは、新しいC9シャシーを投入したが熟成不足でトラブルに苦しみ、日産は完全レース仕様のターボ過給V型8気筒エンジンを持ちこんだものの十分な性能を発揮するには及ばず、トヨタもグループCに焦点を当てたターボ過給直列4気筒3S-GTエンジンを開発投入したが、信頼性を確保できなかった。

　結局レースはXJR-8対962C一騎打ちの様相となった。予選では意地となったワークス962Cがブーストを上げてタイムアタック、フロントローをもぎとった。しかし無理をかけているのは明らかで、レースでの苦戦は誰にも予想ができた。

　決勝では優勝候補だったイエスト及びクレマーの962Cはあっけなく脱落、ワークス962Cの1台もリタイアした。事態は圧倒的にXJR-8有利に傾いていた。トップを走るワークス962Cの背後に3台のXJR-8がつけ、追い詰めていけばいいだけの状況だった。

　しかしポルシェは、劣悪ガソリンに対するレース中に行なったエンジンマネージメントセッティング見直しが功を奏してトラブルを回避した。また、XJR-8を振り切るには厳しく自滅必至と見られていた燃費も、XJR-8の1台がクラッシュしたためセーフティーカーランが続いてポルシェを助けた。

　薄氷を踏む勝利ではあったがポルシェはきわどいところでジャガーをうっちゃり、ハンス・ヨアヒム・スタック／デレック・ベル／アル・ホルバート組のワークスポルシェが優勝を飾り7連勝を記録した。マツダは日本車初のベスト10に入賞を果たした。

Esees Corner / Jaguar XJR-8 LM

Ford Chicanes / Mazda 757

Dunlop Bridge / Porsche 962C

Ford Chicanes / Sauber C9

Dunlop Curve / Porsche 961

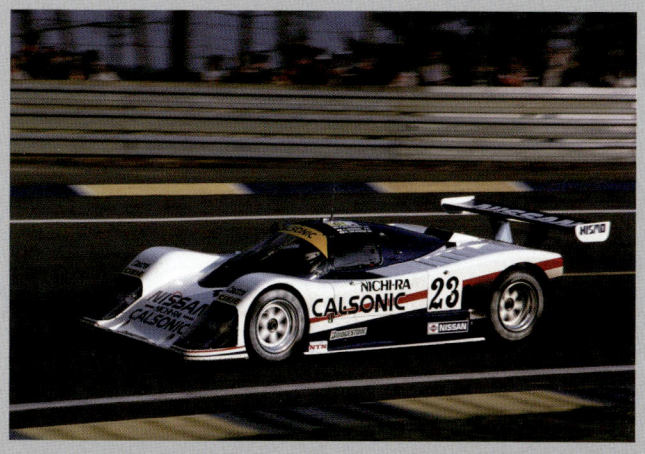

Indianapolis / Nissan R87E

Pit Road / Toyota 87C-L

Pit Road / Porsche 962C

Dunlop Curve / Sauber C9

55th 13-14 June 1987

Starters: 48 / Classified: 12 / Track Length: 13535m

Pos	No.	chassis	team	drivers	class	laps	distance	qualify	Q. time
1	17	Porsche 962C	Rothmans	Hans-Joachim Stuck / Derek Bell / Al Holbert	C1	354	4791.777	2	3'21"09
2	72	Porsche 962C	Primagaz Competition	Jürgen Lässig / Pierre Yver / Bernard de Dryver	C1	334	4531.992	18	3'36"76
3	13	Cougar C20 Porsche	Primagaz Competition	Pierre-Henri Raphanel / Yves Courage / Hervé Regout	C1	331	4491.417	6	3'26"21
4	11	Porsche 962C	Kremer Racing	George Fouché / Franz Konrad / Wayne Taylor	C1	326	4425.169	15	3'34"50
5	4	Jaguar XJR-8 LM	Silk Cut Jaguar - Tom Walkinshaw Racing	Eddie Cheever / Raul Boesel / Jan Lammers	C1	324	4394.891	3	3'24"36
6	111	Spice SE86C DFL Fiero	Spice Engineering	Gordon Spice / Fermín Velez / Philippe de Henning	C2	320	4332.470	25	3'42"28
7	202	Mazda 757	Mazdaspeed	Dave Kennedy / Mark Galvin / Pierre Dieudonné	GTP	318	4305.037	28	3'47"53
8	102	Ecosse C286 DFL	Ecurie Ecosse - Swiftair	David Leslie / Ray Mallock / Marc Duez	C2	307	4168.510	33	3'53"37
9	121	Tiga GC287 DFL	Cosmik/GP Motorsport	Dudley Wood / Costas Los / Tom Hessert	C2	274	3709.804	42	4'03"77
10	114	Tiga GC287	Team Tiga Ford Denmark	Thorkild Thrring / John Sheldon / Ian Harrower	C2	271	3669.134	43	4'03"85
11	177	ALD03 BMW	Automobiles Louis Descartes	Jacques Heuclin / Dominique Lacaud / Louis Descartes	C2	269	3648.166	38	4'00"07
12	40	Rondeau M482 DFL	Graff Racing	Jean-Philippe Grand / Gaston Rahier / Jacques Terrien	C1	259	3505.718	32	3'52"90

★ Pole Position: 3'21"13 =242.309km/h Bob Wollek / Porsche962C #18 [result: did not finish (Engine)]
★ Fastest Lap: 3'25"4 = 237.224km/h   Johnny Dumfries / Sauber MercedesC9 #62 [result: did not finish (Engine)]
★ Average Speed: 199.657km/h

Ford Chicanes / Jaguar XJR-8 LM

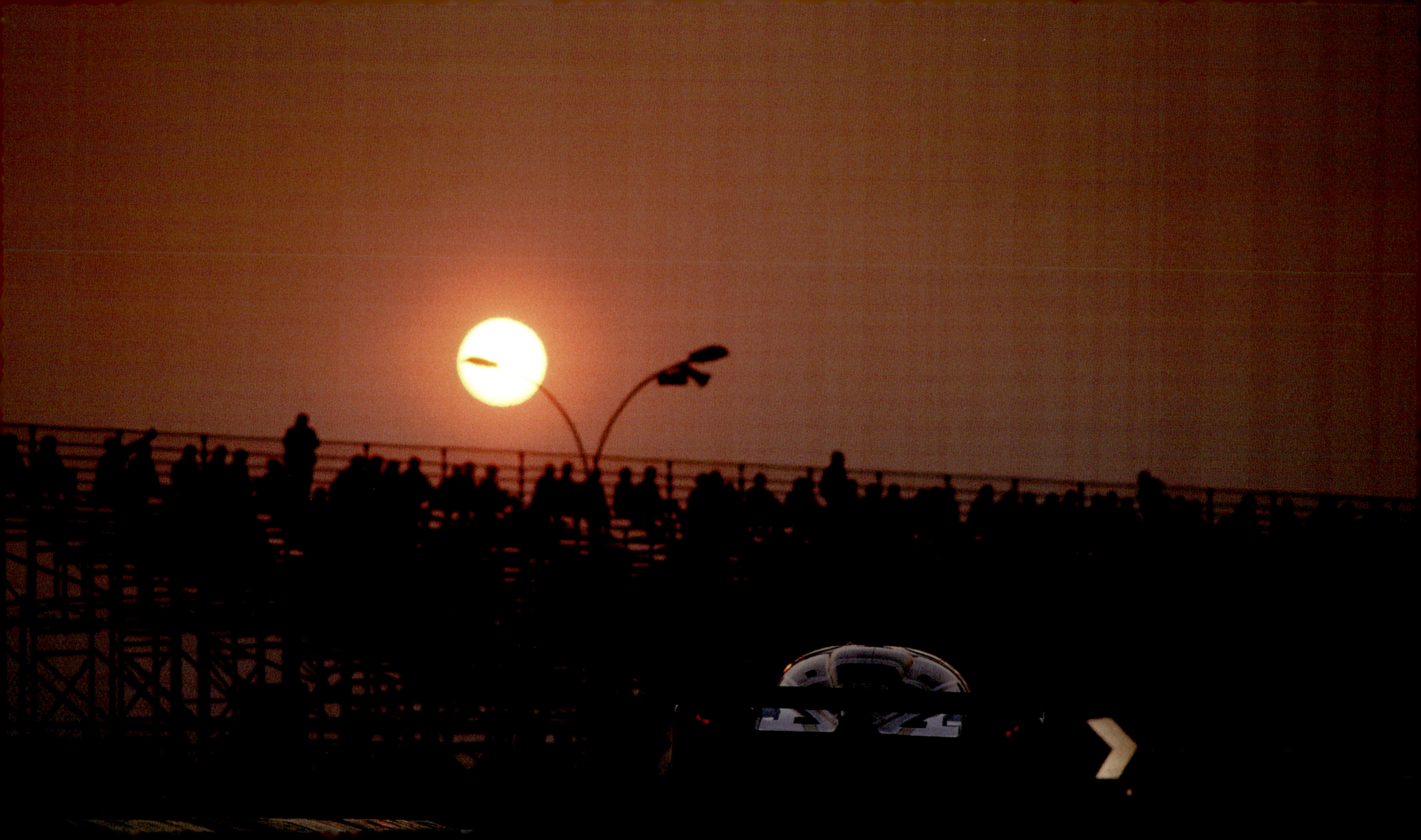

1988

　セカテバ・プジョーWM P88は、サルト・サーキット名物である約6kmにおよぶユノディエールストレートで最高速度405km/hを記録してルマンの伝説を塗り替えた。セカテバはルマンの最高速に特化したこだわりのマシーンだった。なにしろポールポジションを獲ったワークスポルシェ962Cの最高速は394km/hでラップタイムは3分15秒64であったのに対し、WM P88の予選ベストタイムは20秒近く遅かったのだ！

　WM P88は耐久性を考慮することなく開発されていたので、決勝レースではわずか1時間、22周を走った時点でオーバーヒートを起こしリタイアしている。ルマンには様々な取り組みで関わるエントラントが存在しえた。それがルマンのもうひとつの魅力であり歴史だった。

　一方、正攻法でルマンに挑むジャガーは、必勝態勢を整えてルマンに臨んだ。メルセデスは、熟成を進めたC9をルマンに持ちこんだ。ポルシェは、956/962Cが時代に取り残された存在になってしまったことを悟り、この年は世界選手権からワークスチームを撤退させていたが、ルマンは特別で、ルマン用に排気量を3200ccにまで拡大した水冷水平対向6気筒エンジンを開発、ワークス体制でルマンに現れた。ボディは、ルマンを走るポルシェお馴染みのロスマンズカラーから、スポットスポンサーであるシェルカラーに塗り替えられていた。

　そしてワークス962Cは予選では1000馬力近いパワーを絞り出し、力ずくでポールポジションを奪い取った。一方、期待を集めたザウバーは予選中にタイヤバーストを起こし、原因が究明出来ないことを理由に決勝レース出走を辞退することに決めた。

　決勝は、まさに死闘となった。ジャガーとポルシェはスプリントレースのような戦いを始め、トラブルでおくれた17号車962Cが2号車XJR-8を猛然と追いかける展開となった。その差はじりじりと縮まり、なんと終了1時間前に同一周回に入った。

　しかし残された燃料に余裕はもはや残されてはいなかった。結局ヤン・ラマース／ジョニー・ダンフリーズ／アンディ・ウォレス組のXJR-9LMが優勝を飾り、イギリス車としては1959年のアストンマーチン以来29年ぶりの栄誉に輝いた。そして、ポルシェは82年以来956/962Cで続けて来たワークス活動をこの年限りで打ち切り、ひとつの時代に区切りをつけたのであった。

Main Straight / J.Lammers

Ford Chicanes / Porsche 962C

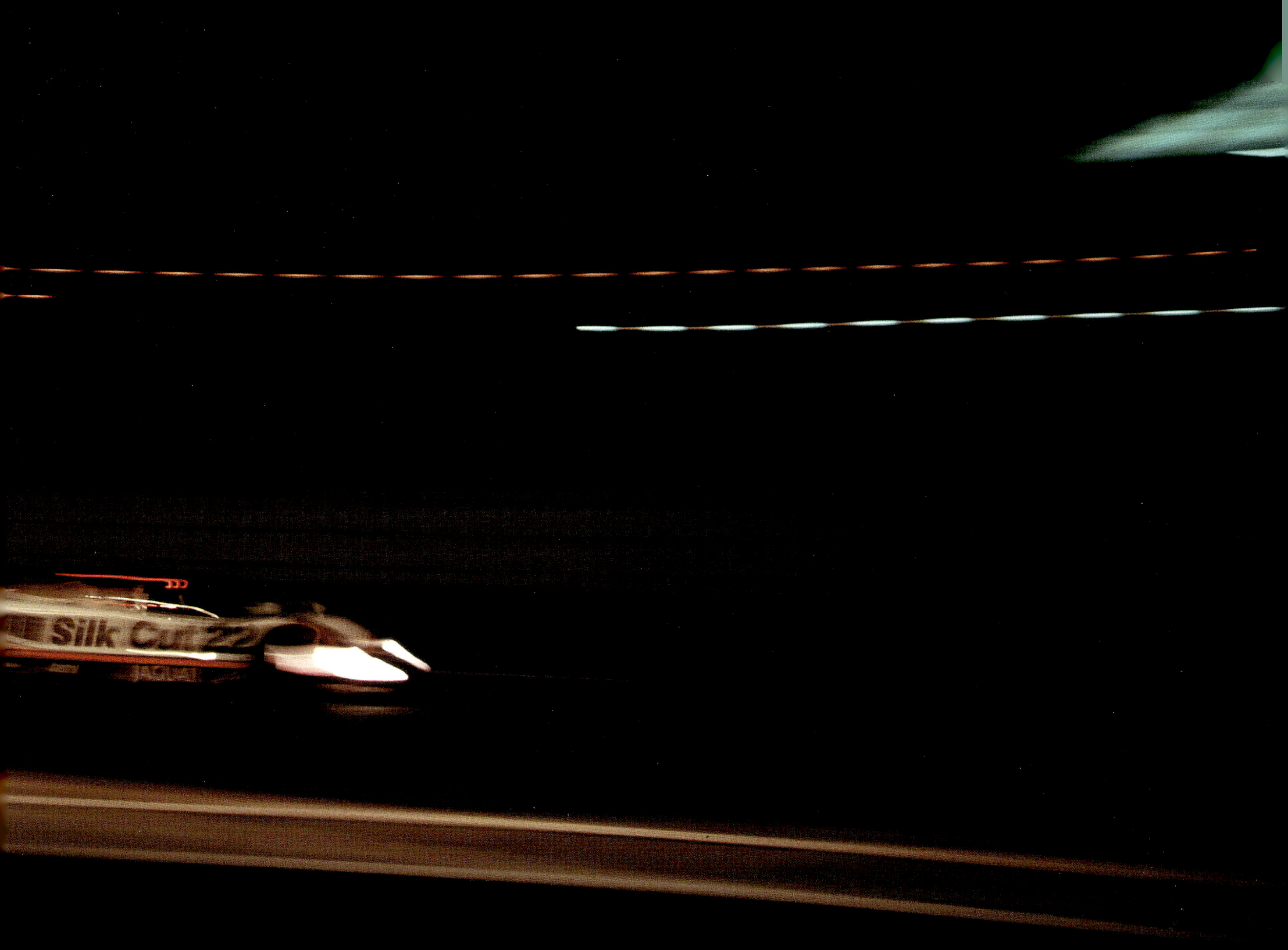
Silk Cut
22

56th 11-12 June 1988

Starters: 51 / Classified: 20 / Track Length: 13626m

Pos	No.	chassis	team	drivers	class	laps	distance	qualify	Q. time
1	2	Jaguar XJR-9 LM	Silk Cut Jaguar - Tom Walkinshaw Racing	Jan Lammers / Johnny Dumfries / Andy Wallace	C1	394	5332.970	6	3'23"74
2	17	Porsche 962C	Porsche	Hans-Joachim Stuck / Klaus Ludwig / Derek Bell	C1	394	5332.790	1	3'15"64
3	8	Porsche 962C	Blaupunkt Joest Racing	Frank Jelinski / Louis Krages / Stanley Dickens	C1	385	5210.975	5	3'23"30
4	22	Jaguar XJR-9 LM	Silk Cut Jaguar - Tom Walkinshaw Racing	Derek Daly / Kevin Cogan / Larry Perkins	C1	383	5183.905	11	3'26"78
5	7	Porsche 962C	Blaupunkt Joest Racing	David Hobbs / Didier Theys / Franz Konrad	C1	380	5143.330	20	3'32"21
6	19	Porsche 962C	Porsche	Mario Andretti / Michael Andretti / John Andretti	C1	375	5075.625	3	3'21"77
7	5	Porsche 962C	Repsol Brun Motorsport	Jesüs Pareja / Massimo Sigala / Uwe Schäfer	C1	372	5035.020	13	3'28"09
8	11	Porsche 962C	Leyton House Kremer Racing	Kris Nissen / Harald Grohs / George Fouché	C1	371	5021.485	7	3'24"73
9	10	Porsche 962C	Kenwood Kremer Racing	Kunimitsu Takahashi / Hideki Okada / Bruno Giacomelli	C1	370	5007.950	21	3'32"48
10	33	Porsche 962C	Takefuji Schuppan Racing	Brian Redman / Eje Elgh / Jean-Pierre Jarier	C1	359	4859.065	14	3'28"30
11	72	Porsche 962C	Primagaz Competition	Jürgen Lässig / Pierre Yver / Dudley Wood	C1	356	4818.460	24	3'35"63
12	36	Toyota 88C	Toyota Team Tom's	Geoff Lees / Masanori Sekiya / Kaoru Hoshino	C1	351	4785.885	8	3'25"39
13	111	Spice SE88C Ford	Spice Engineering	Ray Bellm / Gordon Spice / Pierre de Thoisy	C2	351	4785.885	26	3'37"84
14	32	Nissan R88C	Nissan Motorsports	Allan Grice / Mike Wilds / Win Percy	C1	344	4656.040	23	3'34"66
15	203	Mazda 757	Mazdaspeed	Yojiro Terada / Dave Kennedy / Pierre Dieudonné	GTP	337	4561.295	37	3'44"99
16	21	Jaguar XJR-9 LM	Silk Cut Jaguar - Tom Walkinshaw Racing	Danny Sullivan / Davy Jones / Price Cobb	C1	331	4480.085	9	3'25"42
17	201	Mazda 767	Mazdaspeed	Yoshimi Katayama / David Leslie / Marc Duez	GTP	330	4466.550	29	3'39"60
18	115	ADA 03 Ford	ADA Engineering	Ian Harrower / Jiro Yoneyama / Hideo Fukuyama	C2	318	4304.130	46	3'58"94
19	202	Mazda 767	Mazdaspeed	Takashi Yorino / Hervé Regout / Will Hoy	GTP	305	4128.175	28	3'39"32
20	123	Tiga GC 287 Porsche	Charles Ivey Racing - Team Istel	Tim Harvey / Chris Hodgetts / John Sheldon	C2	301	4074.035	32	3'40"71
21	124	Argo JM19C Ford	MT Sport Racing	Jean Messaoudi / Pierre-François Rousselot / Jean-Luc Roy	C2	300	4060.500	41	3'53"21
22	177	ALD 04 BMW	Automobiles Louis Descartes	Jacques Heuclin / Louis Descartes / Dominique Lacaud	C2	294	3979.290	39	3'45"95
23	198	Tiga GC 286 Ford	Roy Baker Racing	Mike Allison / David Andrews / Steve Hynes	C2	294	3979.290	44	3'56"00
24	37	Toyota 88C	Toyota Team Tom's	Paolo Barilla / Hitoshi Ogawa / Tiff Needell	C1	283	3830.405	10	3'26"57
25	117	Argo JM19C Ford	Team Lucky Strike Schanche	Martin Schanche / Robin Smith / Robin Donovan	C2	278	3762.730	40	3'47"46

★ Pole Position: 3'15"64 =250.164km/h Hans-Joachim Stuck / Porsche962C #17
★ Fastest Lap: 3'22"5= 240.622km/h Hans-Joachim Stuck / Porsche962C #17
★ Average Speed: 221.665km/h

H.Hamashima・K.Hoshino

H.Ogawa・G.Lees・M.Sekiya

T.Ikuzawa・N.Tachi

Mi.Andretti・Ma.Andrett

Pit Road / Mazda Crew

Pit Road / K.Takahashi

SACHS
JOEST RACING
BESTHOUSE
BOSCH
Shell
伊太利屋
BLAUPUNKT
YOSHIHARA
SACHS
BESTHOUSE
BOSCH
Shell
SACHS

1989

　この年、ルマンで最も注目を浴びたのは、昨年決勝レースをスタートすることなく撤退したザウバーであった。この年のザウバーC9のボディは、これまでのスポンサーカラーではなくメルセデス・ベンツの象徴である銀色に塗られていた。いよいよあのシルバーアローが本気でルマン制覇に乗り出したのだ。

　マシーンには新開発のM119型排気量5000ccターボ過給V型8気筒エンジンが搭載されていた。やはり大排気量エンジンに低ブーストをかけて使う、メルセデスなりのグループC規定における最適解であった。

　一方、前年劇的な優勝を果たしたジャガーの方針は揺れてしまった。本来はジャガーとしての最適解であるターボ過給排気量3500ccV型6気筒エンジンを搭載したニューマシーンXJR-11を持ちこみたいところであったが開発・熟成が間に合わず、前年と同じXJR-9の4台体制で闘うことに決めたのだ。レーシングテクノロジーは急激なスピードで進化しつつあった。前年とうとう常勝ポルシェを打倒したばかりだというのに、ジャガー陣営はもはや大排気量自然吸気多気筒エンジンは時代後れであることがわかっていたのだろう。

　これに対し、「グループC規定エンジンの最適解はターボ過給3000cc強のV型8気筒である」と答を導き出した日産とトヨタは、それぞれニッサンR89C、トヨタ89C-Vと新開発のマシーンを持ちこんだ。しかしどちらも熟成度は低く、ザウバーとジャガーの戦いに加わる見込みは薄かった。

　予選が始まるとやはりC9が圧倒的に速くフロントローを獲得。XJR-9はその背後3番手、4番手につけた。

　決勝では16時間目にヨッヘン・マス／マニュエル・ロイター／スタンレー・ディケンズ組が乗るC9の63号車がトップに立ち、終盤は61号車C9を従えて1-2体制を築き危なげなくレースを支配し、フィニッシュを遂げた。3位に続いたのは何とイエスト962Cで、レース中も一時はトップを走ったことでその戦闘力がまだまだ高いことを示しポルシェの底力を見せることになった。

　XJR-9はそれに続く4位が最高位と、前年から一転完敗を喫することとなった。日本勢の中では、日産は決勝で一時期は上位を走るなどその潜在戦闘力を示しはしたが、日産、トヨタとも全車レースから脱落、マツダが「いつものように」堅実に闘いグループCクラスに割って入る総合7位、9位でフィニッシュした。

Pit Road / Sauber C9

Ford Chicanes / Jaguar XJR-9 LM

Ford Chicanes

Ford Chicanes / Nissan R89C

Indianapolis / Sauber C9

Indianapolis / Porsche 962C

Ford Chicanes / Aston Martion AMR-1

57th 10-11 June 1989

Starters: 55 / Classified: 19 / Track Length: 13535m

Pos	No.	chassis	team	drivers	class	laps	distance	qualify	Q. time
1	63	Sauber Mercedes C9	Team Sauber Mercedes	Jochen Mass / Manuel Reuter / Stanley Dickens	C1	389	5265.115	11	3'22"86
2	61	Sauber Mercedes C9	Team Sauber Mercedes	Mauro Baldi / Kenny Acheson / Gianfranco Brancatelli	C1	384	5197.440	2	3'15"67
3	9	Porsche 962C	Joest Racing	Hans-Joachim Stuck / Bob Wollek /	C1	382	5170.370	5	3'19"80
4	1	Jaguar XJR-9 LM	Silk Cut Jaguar - Tom Walkinshaw Racing	Jan Lammers / Patrick Tambay / Andrew Gilbert-Scott	C1	380	5143.330	3	3'18"35
5	62	Sauber Mercedes C9	Team Sauber Mercedes	Jean-Louis Schlesser / Jean-Pierre Jabouille / Alain Cudini	C1	378	5116.230	1	3'15"04
6	8	Porsche 962C	Joest Racing	Henri Pescarolo / Claude Ballot-Léna / Jean-Louis Ricci	C1	371	5021.485	34	3'35"42
7	201	Mazda 767B	Mazdaspeed	Dave Kennedy / Pierre Dieudonné / Chris Hodgetts	GTP	368	4980.880	29	3'31"38
8	4	Jaguar XJR-9 LM	Silk Cut Jaguar - Tom Walkinshaw Racing	Alain Ferté / Michel Ferté / Eliseo Salazar	C1	368	4980.880	6	3'20"19
9	202	Mazda 767B	Mazdaspeed	Takashi Yorino / Hervé Regout / Elliot Forbes-Robinson	GTP	365	4940.275	16	3'25"45
10	16	Porsche 962C	Repsol Brun Motorsport	Harald Huysman / Uwe Schäfer / Dominique Lacaud	C1	351	4785.885	28	3'29"90
11	18	Aston Martin AMR1	Aston Martin Racing - Ecurie Ecosse	Brian Redman / Michael Roe / Costas Los	C1	340	4635.900	33	3'34"08
12	203	Mazda 767	Mazdaspeed	Yojiro Terada / Marc Duez / Volker Weidler	GTP	339	4588.365	35	3'36"69
13	55	Porsche 962C	Team Schuppan - Omron Racing	Vern Schuppan / Eje Elgh / Gary Brabham	C1	321	4344.735	18	3'26"89
14	113	Cougar Porsche C20	Courage Competition	Jean-Claude Andruet / Philippe Farjon / Shunji Kasuya	C2	312	4222.920	49	3'45"86
15	20	Porsche 962C	Team Davey	Tim Lee-Davey / Tom Dodd-Noble / Katsunori Iketani	C1	308	4168.780	44	3'42"31
16	171	Spice SE88C Ford	Team Mako	Robbie Stirling / Ross Hyett / Don Shead	C2	307	4155.245	48	3'45"45
17	108	Spice SE87C Ford	Roy Baker Racing - GP Motorsport	Dudley Wood / Evan Clements / Philippe de Henning	C2	303	4101.105	50	3'46"23
18	126	Argo JM19C Ford	France Prototeam	Jean Messaoudi / Pierre-François / Thierry Lecerf	C2	297	4019.895	54	3'50"37
19	104	Spice SE89C Ford	Spice Engineering	Jean-Philippe Grand / Remy Pochauvin / Jean-Luc Roy	C2	291	3938.685	38	3'38"70

★ Pole Position: 3'15"04 =249.826km/h Jean-Louis Schlesser / Sauber Mercedes C9 #62
★ Fastest Lap: 3'21"27= 242.093km/h Alain Ferté / Jaguar XJR-9LM #4
★ Average Speed: 219.990km/h

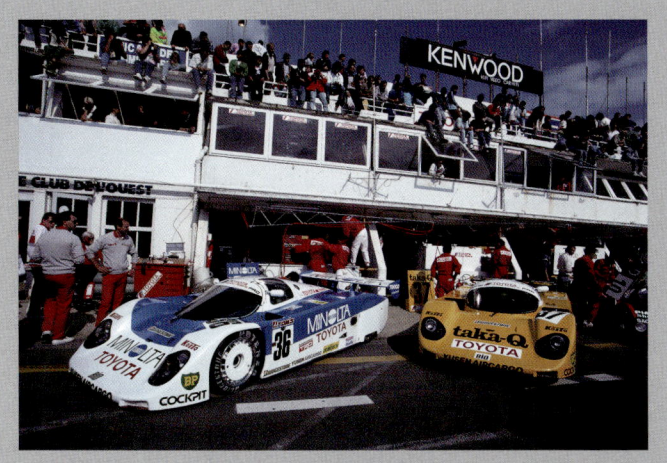

Pit Road / Toyota 89CV

Y.Terada・T.Yorino

C.Ballot-Léna・H.Pescarolo

Place des Jacobins

Place des Jacobins

Place des Jacobins

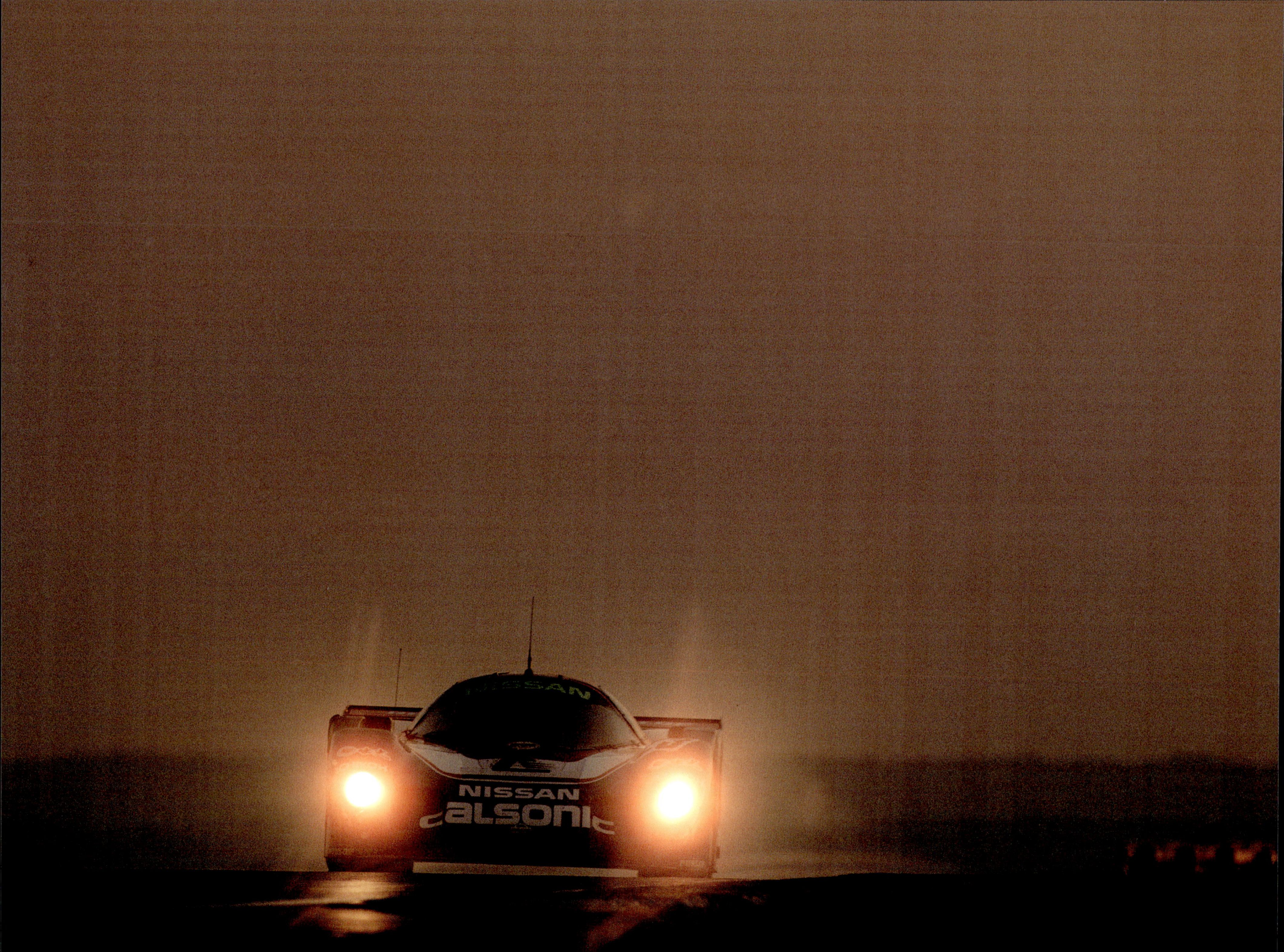
NISSAN
calsonic

1990

　ルマン24時間レースに大きな転機が訪れた。安全性を主張するFISA（現FIA）の意向を受け入れる形で、主催者のフランス西部自動車クラブ（ACO）は長年にわたってルマン24時間レースが行なわれてきたサルト・サーキットの名物である「ユノディエール」ストレートにシケインを2つ挟んで三分割するコース改修をしたのだ。数々の物語を生んできたルマンの伝統が、ここにひとつ消えることとなった。

　一方FISAはグループCの車両規則を改定し91年以降はF1と同じ自然吸気3500cc以外のエンジンを排除することを決めたため、レース運営の面でもグループCとルマンは時代の節目を迎えていた。

　これらを含む混乱の中、この年のルマンは世界選手権シリーズから外れてしまった。これを受けて前年、ルマンを制覇したザウバーはルマン出走を取りやめた。一方ジャガーはターボ過給エンジンを搭載したXJR-11の熟成に苦しみ、結局実績ある自然吸気V型12気筒エンジンを搭載したXJR-12を持ち出した。

　そこで浮上してきたのが日本メーカーである。特に日産が最新のグループC規定解析に基づいて新たに開発し、戦闘力も信頼性も証明されたVRH35Z型ターボ過給排気量3500ccV型8気筒エンジンを搭載するR90CK、R90CPの存在であった。日産も必勝を期してこの年、欧州拠点から2台、米国拠点から2台、日本の本拠であるニスモから1台、計3チーム5台のワークスマシーンに加え、クラージュとチーム・ルマンから1台ずつの計7台を送り込み優勝宣言を行なった。

　またトヨタも熟成が進んだトヨタ90C-Vを3台、さらにマツダは新開発のシャシーである787を2台、前年型の767を1台エントリー。あたかも日本攻勢とも思える状況になった。

　予選では日産が予選スペシャルエンジンを使い猛然とタイムアタックをかけて日本車としては初めてのポールポジションを獲得した。だがここまでの勢いは決勝レースでは見られなかった。不可解とも言えるトラブルが続出して上位争いから続々と脱落していってしまったのだ。

　結局は旧式なXJR-12とブルン962Cが争ったが、フィニッシュ直前962Cがトラブルを起こして格闘から脱落、ジョン・ニールセン／プライス・コブ／マーティン・ブランドル組のXJR-12がジャガーに2年ぶりの優勝をもたらすこととなった。

Indianapolis / Toyota 90C-V

Nissan Chicanes / Jaguar XJR-12 LM

Indianapolis / Nissan R90CP

Ford Chicanes / Nissan R90CP

58th 10-11 June 1990

Starters: 49 / Classified: 28 / Track Length: 13600m

Pos	No.	chassis	team	drivers	class	laps	distance	qualify	Q. time
1	3	Jaguar XJR-12 LM	Silk Cut Jaguar - Tom Walkinshaw Racing	John Nielsen / Price Cobb / Martin Brundle	C1	359	4882.400	9	3'37"00
2	2	Jaguar XJR-12 LM	Silk Cut Jaguar - Tom Walkinshaw Racing	Jan Lammers / Andy Wallace / Franz Konrad	C1	355	4828.000	17	3'39"78
3	45	Porsche 962C	Alpha Racing Team	Tiff Needell / David Sears / Anthony Reid	C1	352	4787.200	20	3'41"32
4	7	Porsche 962C	Joest Porsche Racing	Hans-Joachim Stuck / Derek Bell / Frank Jelinski	C1	350	4760.000	6	3'36"08
5	23	Nissan R90CP	Nissan Motorsports International	Masahiro Hasemi / Kazuyoshi Hoshino / Toshio Suzuki	C1	348	4732.800	3	3'33"17
6	36	Toyota 90CV	Toyota Team Tom's	Geoff Lees / Masanori Sekiya / Hitoshi Ogawa	C1	347	4719.200	10	3'37"13
7	13	Cougar C24S Porsche	Courage Competition	Pascal Fabre / Michel Trollé / Lionel Robert	C1	347	4719.200	26	3'44"34
8	9	Porsche 962C	Joest Porsche Racing	Louis Krages / Stanley Dickens / Bob Wollek	C1	346	4709.600	18	3'40"01
9	27	Porsche 962C	Obermaier Racing	Jürgen Lässig / Pierre Yver / Otto Altenbach	C1	341	4637.600	28	3'45"57
10	15	Porsche 962C	Brun Motorsport	Harald Huysman / Massimo Sigala / Bernard Santal	C1	335	4556.000	33	3'47"92
11	44	Porsche 962C	Richard Lloyd Racing	John Watson / Bruno Giacomelli / Allen Berg	C1	335	4556.000	21	3'42"73
12	33	Porsche 962C	Team Schuppan - Omron Racing	Hurley Haywood / Wayne Taylor / Rickard Rydell	C1	332	4515.200	27	3'45"44
13	63	Porsche 962C	Trust Racing Team	George Fouché / Steven Andskär / Shunji Kasuya	C1	330	4488.000	11	3'38"28
14	6	Porsche 962C	Joest Porsche Racing	Jean-Louis Ricci / Henri Peascarolo / Jaques Laffite	C1	328	4460.800	30	3'45"77
15	55	Porsche TS962	Team Schuppan - Omron Racing	Eje Elgh / Thomas Danielsson / Tomas Mezara	C1	326	4433.600	31	3'46"01
16	11	Porsche 962CK6	Porsche Kremer Racing	Patrick Gonin / Philippe Alliot / Bernard de Dryver	C1	319	4338.400	19	3'40"27
17	84	Nissan R90CK	Nissan Performance Technology	Steve Millen / Michael Roe / Bob Earl	C1	311	4229.600	25	3'44"28
18	21	Spice SE90C Ford	Speice Engineering	Fermín Velez / Tim Harvey / Chris Hodgetts	C1	308	4188.800	32	3'47"75
19	20	Porsche 962C	Team Davey	Maz Cohen-Olivar / Giovanni Lavaggi / Tim Lee-Davey	C1	306	4161.600	49	4'14"90
20	203	Mazda 767B	Mazdaspeed	Takashi Yorino / Yoshimi Katayama / Yojiro Terada	GTP	304	4134.400	34	3'49"45
21	116	Spice SE89C Ford	PC Automotive	Richard Piper / Olindo Iacobelli / Mike Youles	C2	304	4134.400	46	4'04"07
22	82	Nissan R89C	Courage Competition	Hervé Regout / Alain Cudini / Costas Los	C1	300	4080.000	29	3'45"66
23	102	Spice SE88C Ford	Graff Racing	Xavier Lapeyre / Jean-Philippe Grand / Michel Maisonneuve	C2	291	3957.600	39	3'59"34
24	10	Porsche 962CK6	Porsche Kremer Racing	Kunimitsu Takahashi / Sarel van der Merwe / Hideki Okada	C1	279	3794.400	12	3'38"39
25	103	Spice SE88C Ford	Team Mako	Robbie Stirling / James Shead / Ross Hyett	C2	274	3726.400	36	3'50"69
26	19	Porsche 962C	Team Davey	Katsunori Iketani / Patrick Trucco / Pierre de Thoisy	C1	261	3536.000	41	4'00"07
27	131	Spice SE87C Ford	GP Motorsport	Richard Jones / Dudley Wood / Stephen Hynes	C2	260	3522.400	43	4'02"59
28	132	Tiga GC289	GP Motorsport	Craig Simmiss / Alistair Fenwick / Alex Postan	C2	255	3454.400	47	4'10"46

★ Pole Position: 3'16"56 = 249.560km/h Jacky Ickx / Porsche956 #1
★ Fastest Lap: 3'29"7 = 233.922km/h Jacky Ickx / Porsche956 #1
★ Average Speed: 210.330km/h

Ceremony

Y.Terada・M.Katayama・T.Yorino

Paddock Stand

Esses Corner

Pit Road / Toyota 90CV

Pit Garage

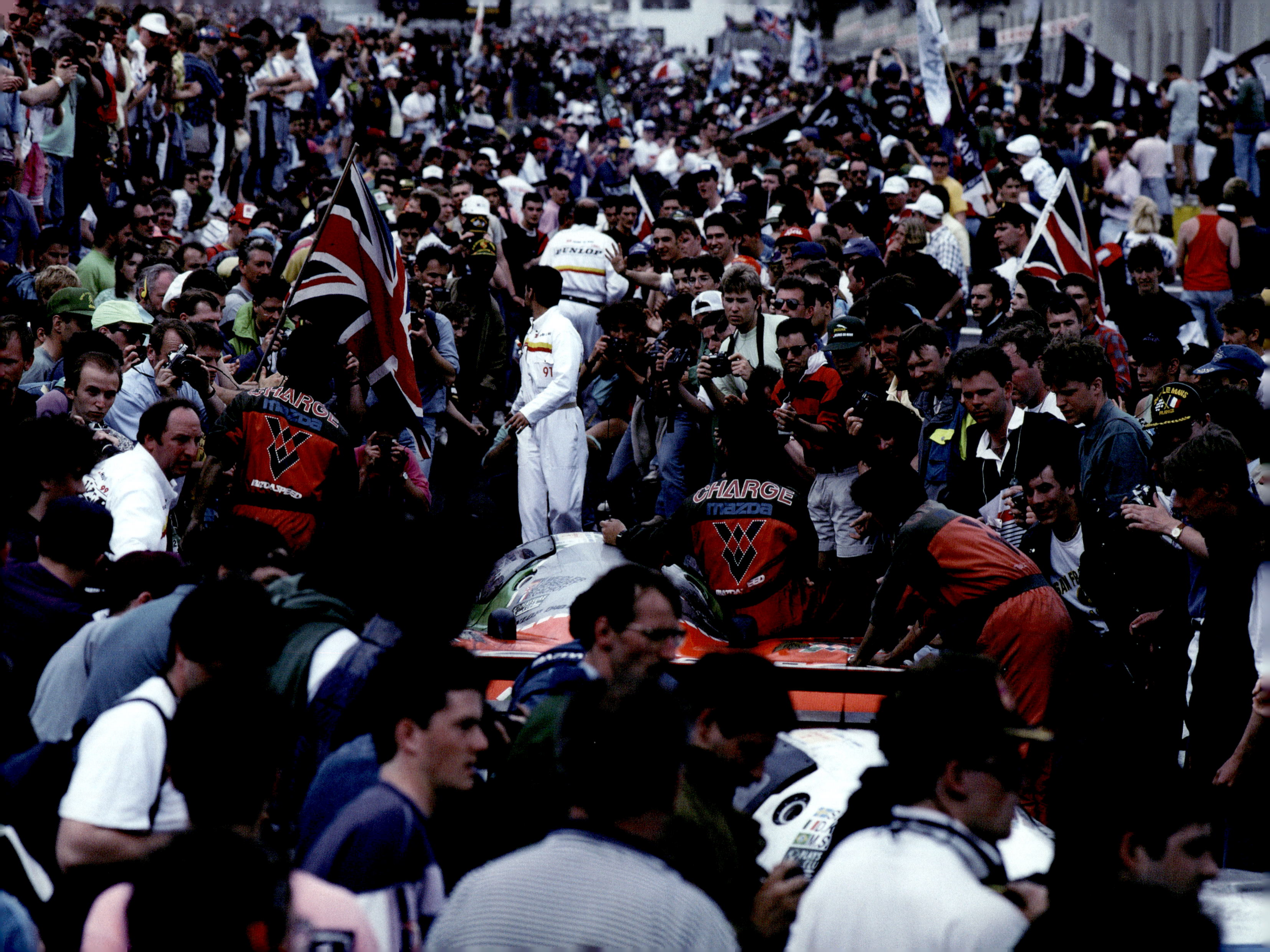
DUNLOP
CHARGE
mazda
MAZDASPEED
CHARGE
mazda

1991

　グループCレースはこの年から、自然吸気排気量3500ccまでのエンジンを用いる新しい車両規則の下で行なわれることになった。旧グループCには距離を置いていたプジョーは、早速V型10気筒エンジンを搭載したプジョー905を送り込んできた。メルセデス・ベンツは、180度V型12気筒エンジンを搭載したC291を開発、ジャガーは熟成の進んだF1用エンジン、V型8気筒フォードHBを搭載したXJR-14を開発した。しかし他の自動車メーカーの腰は重かった。

　旧グループC規定のマシーンの出走もこの年までは許されたが、重いウェイトハンディが条件で、「速く」は走れない状況を受け入れなければならなかった。だが、マツダは前年の787を改良し、旧グループC規格である「グループC2」の787Bとしてルマンへの参加条件を満たしたばかりか、最低重量ハンディも軽く留めることに成功、戦闘力を維持したままルマンに臨むことになった。

　エントリーはわずかに46台、うちメルセデスとジャガーは新規定のマシーンで決勝を走りきるのは無理としてグループC2のザウバーC11、ジャガーXJR-12しかスタートさせなかったため、新グループC規格で決勝スタートしたのはわずか10台、グループC2を含めても38台と、戦後最も少ない台数でレースは始まった。グループC2は無条件にその10台より後方のスターティンググリッドから決勝を始めた。

　新規定のグループC1カーは速かった。しかしグループC2のポルシェ962C、C11、XJR-12、787Bに比べると信頼耐久性には決定的に欠けており、結局レースは6時間を過ぎた頃にはC11が先行し、XJR-12と787Bがそれを追うという、グループC2すなわち旧グループCカーによる戦いとなった。車両重量の軽い787Bは燃料消費量に対して高いペースを維持することができ、XJR-12を追い落とすとC11を追い詰めていった。21時間目、ついにトップを走るC11がトラブルでピットイン、55号車787Bがついにトップに立った。そして24時間が経過。フォルカー・ヴァイドラー／ジョニー・ハーバート／ベルトラン・ガショー組の787Bはジャガーの3台を従えてレースをフィニッシュした。日本車として初めてのルマン総合優勝が達成された。そしてグループCによるルマン24時間レースは終焉へと向かうのであった。

Dunlop Curve / Mazda 787B

Pit Road / Mazda 787B

Ford Chicane / Sauber C11

Main Straight / Jaguar XJR-12 LM

Dunlop Curve / Sauber C11

Main Straight / Peugeot 905

Dunlop Curve / Peugeot 905

59th 22-23 June 1991

Starters: 38 / Classified: 12 / Track Length: 13600m

Pos	No.	chassis	team	drivers	class	laps	distance	qualify	Q. time
1	55	Mazda 787B	Mazdaspeed	Volker Weidler / Johnny Herbert / Bertrand Gachot	C2	362	4922.810	12	3'43"503
2	35	Jaguar XJR-12 LM	Silk Cut Jaguar - Tom Walkinshaw Racing	Davy Jones / Raul Boesel / Michel Ferté	C2	360	4986.000	11	3'43"496
3	34	Jaguar XJR-12 LM	Silk Cut Jaguar - Tom Walkinshaw Racing	Bob Wollek / Teo Fabi / Kenny Acheson	C2	358	4868.800	21	3'49"748
4	33	Jaguar XJR-12 LM	Silk Cut Jaguar - Tom Walkinshaw Racing	Derek Warwick / John Nielsen / Andy Wallace	C2	356	4841.600	18	3'47"875
5	31	Mercedes-Benz C11	Team Sauber Mercedes	Karl Wendlinger / Michael Schumacher / Fritz Kreutzpointner	C2	355	4828.000	4	3'35"265
6	18	Mazda 787B	Mazdaspeed - Oreca	Dave Kennedy / Stefan Johansson / Maurizio Sandro Sala	C2	355	4828.000	17	3'46"641
7	58	Porsche 962C	Konrad Motorsport - Joest Porsche Racing	Hans-Joachim Stuck / Derek Bell / Frank Jelinski	C2	347	4719.200	9	3'40"526
8	56	Mazda 787	Mazdaspeed - Oreca	Pierre Dieudonné / Takashi Yorino / Yojiro Terada	C2	346	4705.600	24	3'50"161
9	11	Porsche 962CK6	Porsche Kremer Racing	Manuel Reuter / Harri Toivonen / JJ Lehto	C2	343	4664.800	7	3'36"848
10	17	Porsche 962C	Repsol Brun Motorsport	Oscar Larrauri / Jesüs Pareja / Walter Brun	C2	338	4596.800	6	3'36"114
11	12	Cougar C26S Porsche	Courage Competition	François Migault / Lionel Robert / Jean-Daniel Raulet	C2	331	4501.600	13	3'44"315
12	41	Spice SE90C Ford	Euro Racing - Team Fedco	Kiyoshi Misaki / Hisashi Yokoshima / Naoki Nagasaka	C1	326	4433.600	26	3'53"833

★ Pole Position: 3'31"27 =231.741km/h Jean-Louis Schlesser / Team Sauber Mercedes #1 [result: did not finish (Engine)]
★ Fastest Lap: 3'35"564= 227.125km/h   Michael Schumacher / Team Sauber Mercedes #31
★ Average Speed: 205.233km/h

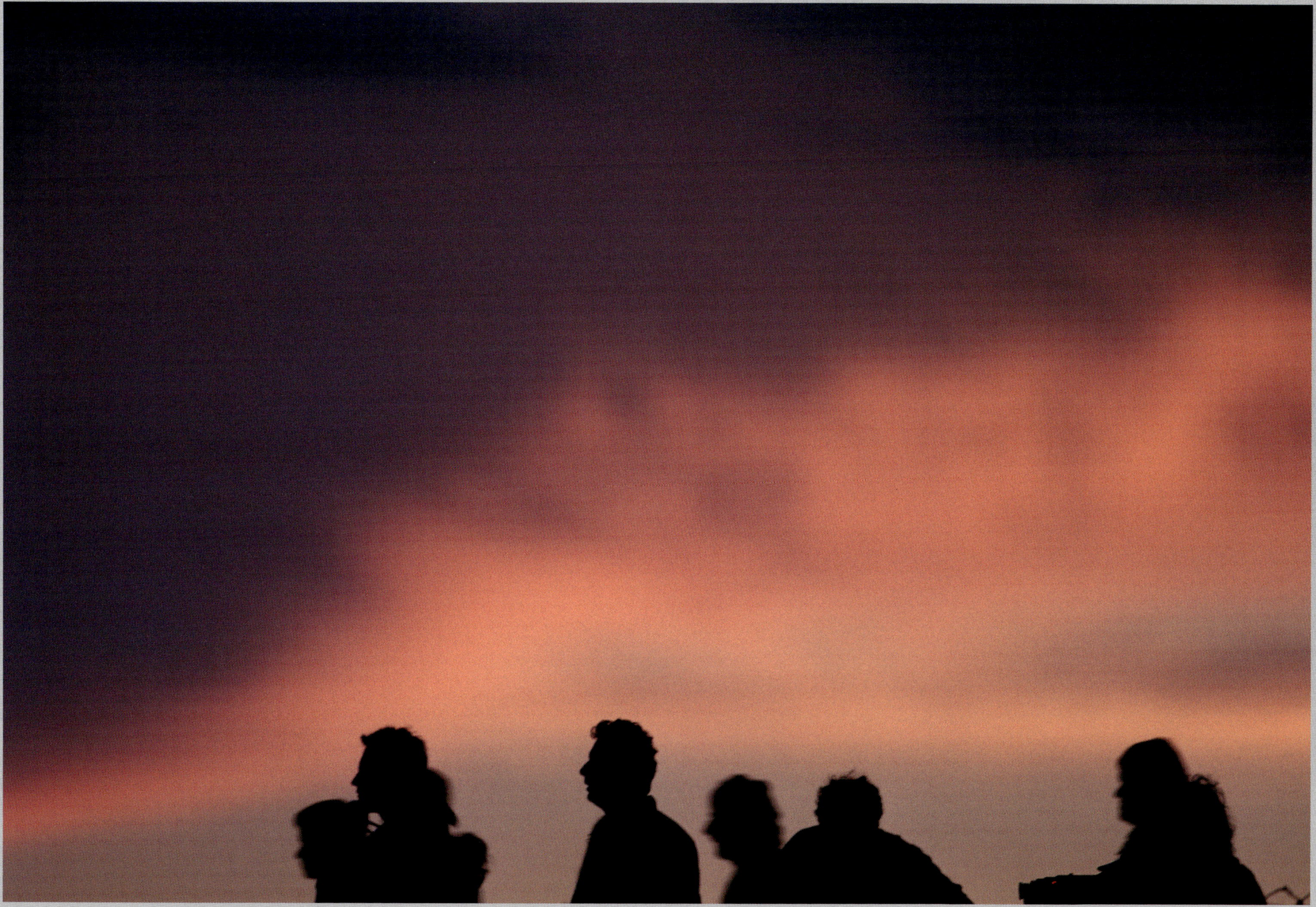

強き者がいてくれたからこそ

大串　信・文

　大川清敬はピットウォールから無線を使って「コンディションはどうだ？」とジョニー・ハーバートに問いかけた。「問題ない」とハーバートの声が雑音混じりに返ってきた。ルマン24時間レースも大詰め、ハーバートはマツダ787Bのコックピットに収まりユノーディエール・ストレートを突進している最中だった。順位はなんと総合のトップである。大川が確かめたのは、マシーンではなくハーバートの肉体的コンディションのことだった。マシーンは絶好調で、チームの戦略通りに走りのトラブルもおこさず、勝負のキーになる燃費にも十分な余裕があった。だが、マツダスピードの監督である大橋孝至は迷っていた。ハーバートはすでに予定の2スティント目を終え、最後の給油のピットインを目前にしていた。ルマン24時間はあと1時間も経たずにフィニッシュを迎える。果たしてハーバートをここで交代させるべきか、さらに残り40分近くを走り続けさせるべきか。レースの流れを変えないためには走り続けた方がいい。でもハーバートに走り続けるだけの体力が残っているのだろうか。監督としては難しい判断だった。「ジョニーは大丈夫か？」と、大橋はもう一度大川にハーバートの状況を確認させた。大川は「このままフィニッシュまで走り続けられそうか？」とハーバートに話しかけた。無線の向こうでハーバートは答えた。「問題ない！」
　1991年ルマン24時間レースのフィニッシュが近づいていた。

大川は1985年、マツダスピードのスタッフとしてチームに加わった。本場ヨーロッパでレーシングメカニックになろうと27歳で渡英、アングリアカーズ、アラン・ドッキングでF3やF2のメカニックを務めた後、リチャード・ロイド・レーシング（RLR）に移籍、グループCカーであるポルシェ956/962Cを走らせるイギリスプライベートチームのメカニック兼エンジニアとして各地を転戦しながら、マツダスピードの戦いぶりを外から眺める立場にあった。

　その大川に、マツダスピードの監督であった大橋が目をつけた。当時大川はRLRで、カスタマーポルシェ956/962Cの大改造に携わっていた。RLRはポルシェ956/962Cの弱点を補って闘うため、ナイジェル・ストラウドにカーボン部材やアルミハニカム材を多用した大改造を任せ、サスペンションや空力デザインもオリジナルのものへ切り替えるなど、改良の域を超えた手を加えて独自の活動を展開していた。そこで活躍していた日本人メカニックが大川だった。

　当時マツダスピードはルマン活動を本格化させたものの、オリジナルグループCカーである737を熟成するのに四苦八苦していた。それと並行して大橋は次期マシーン、757の構想を温めつつあった。より上位を狙うためには、より高性能なマシーンを開発し、チーム体制から組み立て直す必要があることを大橋は認識していたようだ。

　ルマン24時間レースでも、カスタマー956/962Cに大改造を加えてワークスポルシェに迫る戦いぶりを見せるRLRにあって、エンジニアリングの中枢に関わっている大川は、大橋にとっては魅力的な人材だっただろう。そもそも大橋は次期マシーン757のシャシー開発をRLRでポルシェ改造を担当したストラウドに依頼する予定だったのだ。その点でも、ストラウドと共に闘った大川の経験には大きな意味があった。

　757プロジェクトを進めつつあったマツダスピードは、シャシー開発を委託したイギリスのストラウドと日本側の意思疎通がうまくできずに困り果てていた。マツダスピードとコーディネーターとして契約した大川の最初の仕事はストラウドとマツダスピードの間に入って、お互いの意思疎通を円滑化することだった。

　マツダスピードの目標はルマンに勝つことにあった。しかし大川自身は「ルマンと言っても、自分には特別な思いはないんですよ」と淡々と語る。84年に初めてRLRの一員としてルマン24時間レースの舞台であるサルト・サーキットに踏み入れたときには「ストレートが長くて特殊なコースだなあ」と思っただけだった。しかし、当時のカスタマーポルシェユーザーはイエスト、クレマー、RLRを始め、切磋琢磨して闘っている状況で、「このレースだけは、周囲のチームの意気込みが違う。普段のレースとは違うレースだぞ」とは感じたという。

　「（ルマンは）なにしろ疲れるレースなので『あまりやるものではないなあ』と思いました。あの頃は、（世界選手権を）ずっと転

戦していたので、ルマンが終わっても次のレースがすぐにあるから、ルマンだけに特別な印象はないんです。85年には自分の働いていたRLRが総合2位に入ったんです。でも、2位に入っても早く機材をパックして送り出さないと次のレースに間に合わないので、レース後は現場を片付けることばかり考えていました」

ただし少なくともルマンの特殊な環境は、エンジニアリング面には少なからぬ影響を及ぼした。「そういえば、こんなことがありました」と大川は思い出す。「まだシケインがなかった頃のユーノディエールのストレートエンドで、ポーパシンが出るんですよ」

ポーパシンとは、車体下面と路面の間を流れる空気が発生するグラウンドエフェクトが姿勢変化などの要因で変動し、車体が細かいピッチングを繰り返す現象である。「ルマンではあまりにも直線速度が高いので車体下面の負圧が高まりすぎてボディが変形し、車高が変わって空力が変動してしまうんです。でもスピードを落としてピットに帰ってくるとその変形は元に戻ってしまっているから調べても原因がわからないんです。最初はどうしてもその原因がわからずに苦労したものです」

91年、大川は大橋監督のアシスタントとしてルマンプロジェクトの実戦における全体マネージメントを行ないながら、マツダ787Bの55号車、フォルカー・バイドラー／ジョニー・ハーバート／ベルトラン・ガショー組のチーフエンジニアを務め、マツダスピードにとって念願だったルマン24時間レースにおける総合優勝を成し遂げる。この勝利には、グループCというカテゴリーの混乱期、大橋がグループC2として787Bをうまく位置づけ本来総合優勝を狙うはずのグループC1に対して非常に有利な条件を引き出したことが大きな要因として働いた。しかし、大川たち実戦部隊は与えられた条件でとにかくレーシングカーを走らせ続けることが仕事だ。結果はそれについてくるものでしかない。

「難しかったのはドライバーのコントロールなんですよ」と大川は言う。「実はジョニー（ハーバート）と（ベルトラン）ガショーは、以前からものすごく仲が悪かったんです。（フォルカー）バイドラーは問題ないんですが、ジョニーは（以前のレースで）重傷を負っていたので、そのケガは克服したんだということをルマンを通して証明したいという気持ちが強かったんです。ガショーはガショーで、あの3人の中では自分が一番速いと思っていた。それで仲が悪かったんですね」

レーシングドライバーは「自分が一番だ」と信じ込んでいなければ務まらない仕事だ。特に55号車に乗り込んだ3人はF1グランプリを闘った経験のあるドライバーで、それぞれの自信はただならぬレベルにあった。とはいえ、ルマンは1台のマシーンを交代で24時間走らせ続けるレースであり、速いドライバーを速いマシーンに乗せれば勝てるほど単純ではない。我を張ろうとするドライバーを操り最大の効率を引き出すドライバーマネージメントは重要な仕事である。

「あの頃のルマンは、ドライ路面が続いたら燃費がきつくなるというレベルの、厳しい燃費レースでした。その中で、燃費が良い走り方というものがあったんです。スロットルを開けて回転を引っぱったら、コーナーの手前でギアを「4、3、2」と落とすのではなくて、そのままスロットルをオフにして惰性で走っていって、コーナーの手前で一気に2速に入れてコーナーを曲がっていくだとか、ルマンで良い成績を出すためにキーになる走り方があるんです。そうすると、タイムはほとんど落ちないんですけど、燃費が劇的に良くなります。でもその走り方をしろとドライバーに指示しても練習や予選ではなかなか聞き入れてくれません」

チームとしては、単純に燃費効率を考えれば不利になるはずの5リッターV型8気筒の大排気量ターボエンジンを搭載しているザウバー・メルセデスが世界選手権で好成績を上げる理由を分析する過程で、何か燃費を節約する走り方をしているに違いないと気づいてはいた。すると、ザウバーで走っていたマイク・サックウェルが大川に「簡単な話だよ、1ギア高くして惰性で走ればタイムは悪くならないし燃費は良くなる」と教えてくれたという。その情報をチームに持ち帰った大川は、エンジン開発担当の松浦国夫らと検証を行ない、マツダのドライバーにも同様の走り方をするよう指示したのだった。

しかし燃費走行は、究極の速さを追求してきたドライバーに

とっては本能的に受け入れがたいものだ。スロットルオフで惰性で走り続けるなど、レーシングドライバーにとっては常識外れの走法である。結局チームが指示した燃費走行は、ルマンの決勝が始まるまで実行はされなかった。

「いくらそういう走り方をしてくれと言っても、彼らは本能的に速く走りたいものだから絶対に守ってくれません。とくにジョニーとガショーはオレの方が速いと張り合っている状態でしたから到底無理でした。それで、テレメーターのディスプレイの上に目標の燃費値を書いて貼って『常に見比べてくれ』とだけ言って、決勝レースに送り出しました」

スタートはバイドラーが務めた。いくら燃費レースとは言えどもスタート直後の1スティント目はポジション取りで燃費は悪くなりがちだがバイドラーは比較的うまく燃費走行をこなし、2番手のガショーに交代した。大川はガショーに言った。「『燃費走行に入ってくれ。オマエだったらできるだろう。最初はこのコーナーだけでいいから頼む』と、ある意味おだてて送り出したんです。そうしたら『わかった』とやり始め、タイムをそれほど落とさずに燃費走行ができるようになりました。それで『どんなもんだ』ということになって、それからどんどん燃費が良くなっていって、さらにいろんなコーナーでも燃費走行が出来るようになって燃費がどんどん改善されていったんです」

これなら行けると思った大川は、「その走り方をジョニーに教えてやってくれ」とガショーに伝え、ガショーは仲が悪かったはずのハーバートに自分が見つけた走り方を教えるようになった。するとハーバートはその走り方を試すようになり、それ以降二人は燃費走行のテクニックについてお互いに情報交換を始め、タイムをそれほど落とさないまま燃費が向上していった。

当初燃費の最低限の目安は約1.9km/ℓであったが、スタート直後は1.7、1.8という数字が返ってきた。それはしかたがないことだった。しかし燃費走行が波に乗ると、燃費は1.9を超え2以上でもそれまでと同等のタイムで走るようになった。

「ガショーがそういう走り方を見つけてくれて、それをジョニーに教えて、事態がうまく回るようになっていったんです。ガショーにしてもジョニーにしてもやはり才能があるので、一旦わかればそういうことができるようになるんです。それからは燃費が落ちることはなくて安定して走り続けることができ、いざとなればいつでもタイムをさらに上げて攻めることができる状況になっていきました。それでようやく雰囲気がスムーズになりました。自分のノウハウを教え合って、結果を出し始めたんです。ああ、仲良くなったなあ、と眺めていました」 大川の思うつぼの展開であった。

燃費に関してマージンができはじめた頃、ジャガーを走らせていたトム・ウォーキンショウがマツダの様子を探りに来て燃費の状況を確かめると、「この燃費はあまりにも良すぎる」と気

づいた。「トム自身が大橋さんに『これは本当か!?』と声をかけているところを見ましたよ。そのときにはうちは状況を見ながらレースを運べる状態になっていました。ジャガーを走らせているトムに対しては、それが一番のプレッシャーになったでしょうね」と大川は言う。

ルマンの現場では、闘っているライバル同志、微妙な情報交換をしながら24時間を過ごす。特にウォーキンショウとマツダスピードは、初期のルマン・プロジェクトではレースオペレーションを委託していた経緯もあり、ライバルでありながら顔見知りという関係だった。

それでなくともルマンでは、現場のメカニックやエンジニアも長いレース中にはライバルチームのスタッフと「オマエのところ、どんな感じ？」と雑談をかわすことも珍しくないという。なにしろ24時間にわたって続くレースなのだ。観客席からコースを見ていただけではわからない、腹の探り合いや神経戦がピットをまたいで繰り広げられているのである。

「スタートから12時間経ってからは楽に戦える状態になっていました。正直なところ、メルセデス・ベンツがまともに走っていれば追いつけるペースではありませんでしたが、ほかのポルシェやジャガーに対しては十分コントロールできる状態でした。それでメルセデスが大事をとってペースダウンしたとき、大橋さんは『うちはペースを落とさずそのまま行け』と指示しました。これが相手に対するプレッシャーになって、結果的に勝つことになったのかもしれないですね」と大川は言う。

だが大詰めに来てマツダ側には大きな迷いが生じた。果たしてハーバートに2スティントを超えてフィニッシュまで走らせるかどうかである。この年、マツダスピードはレース前半は1スティントずつでドライバー交代し、後半は2スティントずつ走らせるという予定だった。だがレースが進み展開が見えてきた段階で、最後の2スティントを終えて最後の給油をした後に約40分間走り続ける必要が出てきた。その最後のスティントを担当していたのがハーバートだったのだ。

ハーバートは1988年に大事故を起こして右足を複雑骨折、一時期は再起不能とまで言われたドライバーである。ハーバート自身は回復したと言い張り実際にレースにも復帰して以前の速さを取り戻していたとはいえ、24時間レースの最後の締めくくりである。当然、大橋の心に一抹の不安が生まれる。ただでさえ疲れ果てているはずのハーバートはケガの問題を抱えているだろう。だが本人はケガの回復を証明するためにも交代はしたがらないだろう。

レースの流れを変えないためには無理をしてでもハーバートに走り続けさせたいが、果たしてハーバートはそれに耐えうる状況にあるのかどうか。休息を取ったドライバーに交代させた方が安全策と言えるのではないか。

大橋は当時チームのアドバイザーだった耐久レースのレジェンド、ジャッキー・イクスとも相談を重ね、ハーバートに引き続き走らせることに決めた。そして最終的に無線を通じてハーバートの状況を重ねて確認し決断が下された。大川は大橋から指示を受け「よし、オマエでフィニッシュすることにしたぞ」とハーバートに伝えた。

ピットクルーは55号車を待ち受けた。タイヤも、問題がなければ無交換のまま最低限の給油だけ行なって最小限のロスタイムでコースへ送り返す準備を整えた。そして予定通り給油だけを終えた55号車はハーバートのドライビングでトップのままコースへ復帰した。

無線で聞こえてくるハーバートの声は元気そうだったので大川は心配はしていなかった。ただ、トップを走る55号車の後には2番手、3番手、4番手にジャガーが続いていた。「ジャガーは何をしてくるかわからないから、とにかくジョニーにはジャガーには近づくな、（周回遅れなのだから）離れて前へ行かせろ。ただし極端にペースを落とすとかえって危ないからうまくやれ、とばかり指示していました」

こうして念願だったマツダのルマン24時間レース総合優勝は成し遂げられた。トップの55号車が走行中にスタートから24時

間を迎えたため、その時点で振られたチェッカー旗を見た観客がコースへなだれ込んだ。だから、55号車はトップではありながらコース上のフィニッシュラインをまたがないままピットロードへ導かれてそこでフィニッシュしている。そしてその時点でハーバートは脱水症状を起こしており自力でコックピットから降りることができず、ピットクルーの手によって運び出されたものの、栄えある表彰台に上がることは出来ないという状態になっていた。実際には大橋が選択した連続走行作戦は薄氷の上で結末を迎えていたのである。

一方、ピットで戦い続けた大川たちは淡々と事態を受け止めていた。「勝ったときの気持ちは特別なものではなかったですね。チームのクルーに、まず『(ピットロードへ)酔っ払ったフーリガンが乱入してくるから窓を閉めろ』と指示しました。フーリガンのやつらはピットに乱入して機材を手当たり次第に持ち去ってしまうんですよ。だからとにかく入って来られないようにまずガレージを閉めろと。もちろん喜びはありました。でも、24時間レースが終わった、という達成感の方が大きかったかな。フランス人クルーが(感極まって)泣いていたので、そっちの方が違和感がありました。大橋さんがうれしそうだったのは、それは良かったなとは思いましたけど。自分自身、そういうところで感情が高ぶったりしないで、周囲の状況を冷静に眺めているような性格なんでしょうね。とにかく、(機材を守るために)ガレージの閉められるところは閉めておかなくちゃ、とばかり気にしていました」

金曜日、午後9時頃宿舎へ帰り決勝レースに備えて就寝した大川は、決勝レースのある土曜日は午前7時には起床してウォームアップのためにサーキット入りし、ウォームアップを終えると午後4時の決勝スタートに備えた。そしてそれからフィニッシュまでの24時間、基本的にはピットウォールでモニターを眺めながら無線を使ってチーム全体の様子を把握し細かい指示を飛ばす作業に没頭してフィニッシュを迎えた。

「食事などのバックアップについてはマツダスピードは充実していましたから、タイミングを見てピット裏へ行っておにぎりなんか食べていました。もちろんその間無線やテレメトリーで状況は把握していますから何かあればすぐ対応できるようにしていました。それでレースに勝ったわけですが、24時間張り詰めていたから、ああ、ようやくレースが終わったんだなあという気分にしかなりませんでした。ホテルに帰ってから？　ぼくたちは軽くパーティーをやって、メシ喰ってすぐそのまま寝ましたよ」と大川は笑った。それがピットクルーにとってのルマン24時間なのかもしれない。

大川清敬（おおかわ・きよたか）
アングリアカーズ、アランドッキングでのF3、F2メカニック経験を経て、リチャード・ロイド・レーシングへ移籍。イギリスプライベートチームのメカニック兼エンジニアとして緒戦に携わる。1985年にマツダスピードと契約、91年のルマンでは、787B（55号車）のチーフエンジニアとして、また同時に大橋監督のアシスタントとして全体的なレースマネージメントを行なった。現在は自動車部品の輸入・製造・販売を行なうTopLine PRODUCTS代表。

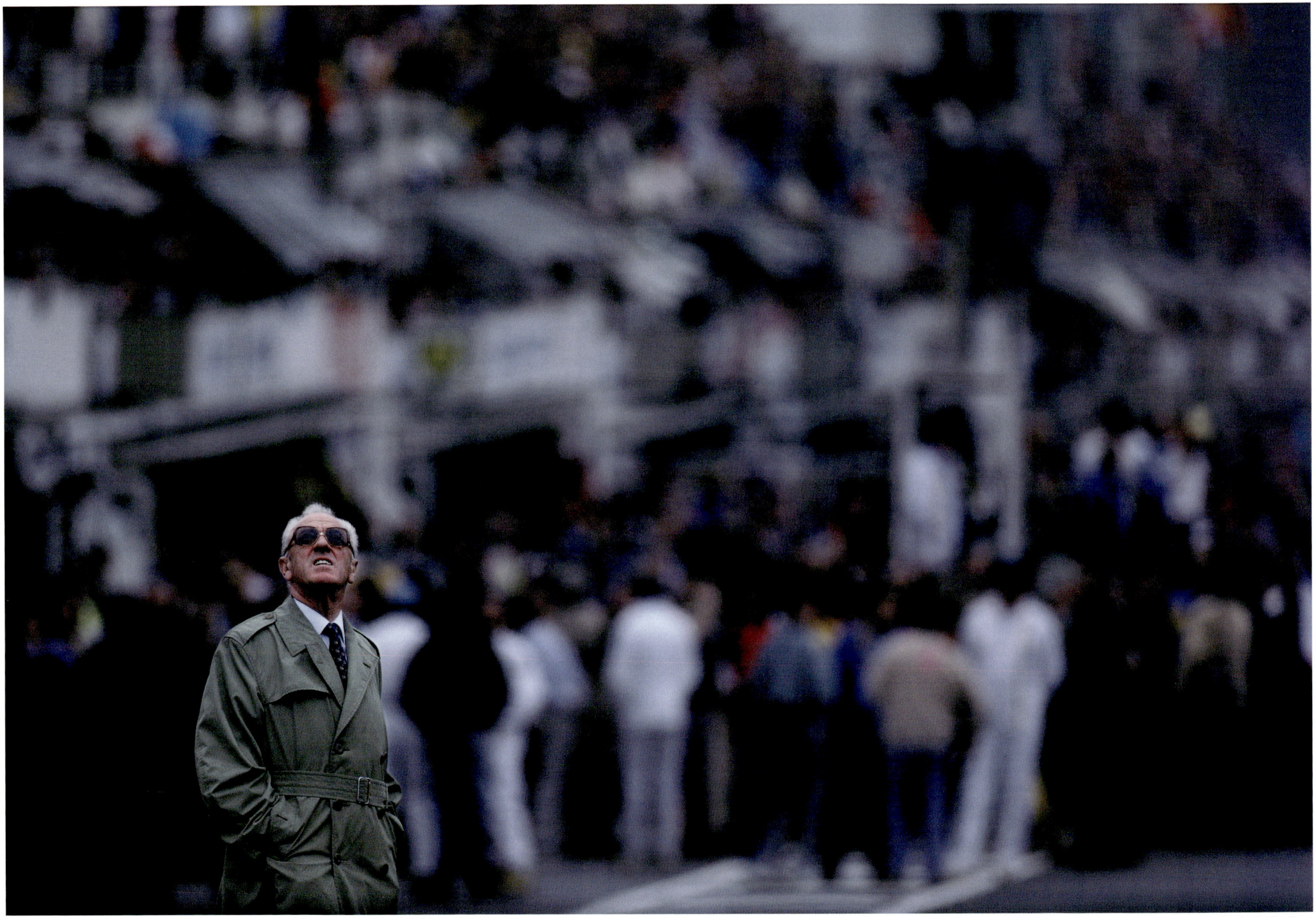

ルマン24時間―少し辛くて、最高に楽しかったレース回想録
阪 和明 × 原 富治雄

阪(以下、S)：僕が初めて行ったルマンは、1979年。「これは見なくちゃいけないな」というか、「見たい！」という気持ちがあった。もちろんF1も好きだったけど、やっぱり子供の頃から「スポーツカーのレース」というのがモータースポーツの中でも好きなカテゴリーだったんですよね。それで一番のビッグイベントであるルマンに行ったわけです。

原(以下、H)：俺がモータースポーツに興味をもったきっかけは雑誌なんだよね、カーグラとか。79年からF1の取材を経験していたけど、それこそスティーブ・マックイーンの主演映画『栄光のルマン』で動いている姿を初めてみて「かっこいいー！」って。ルマンとインディとモナコはモータースポーツの三大イベントだよね。せっかくこの世界に入ったんだから、一回は取材してみたいと思ってた。

S：僕もあの映画の影響はすごく大きいな。モータースポーツの映画ってあまりなかったからね。やっぱり『栄光のルマン』は特別だった。あの映画は実写も入っていたから臨場感がとてもあったしね。

H：それとあの映画は音の表現が特に印象的だった、エアーインパクトレンチの音とか、スタート時のドライバーの動悸とか、音の要素が今でも耳に残っている。

S：この映画を見ていたから、ルマンで現地に行ったらそのシーンの場所を確認するだけで本当にワクワクしちゃって。取材っていうのじゃなかったね。このシーンってここだったのか、ああテルトル・ルージュっていう名前はこのお店だったのか、マックイーンが歩いていたピットの裏側はここだったとか。ただただ感激していたのが最初のルマン。取材というよりは、ウロウロしていただけで(笑)。

H：俺のルマン一年目は81年。正直いって「なんだよ、辛いレースだなぁ」が実感で。実は熱射病になっていたんだよ。それに1年目は大失敗をしたんだよね。ルマンの定番撮影ポイントっていうと夜明けのダンロップブリッジじゃないですか。

S：綺麗だもんね。

H：夜、疲れ果てて居候していたキャンパーで雑魚寝していたのね。朝3時だか4時に目覚ましをかけて仮眠したんだけど、めちゃくちゃ暑くて目が覚めたら、もう11時過ぎているわけよ(笑)。結局夜明けの写真は撮れずに終わった。ルマンの全体像もまったく分からないままで、1年目の苦い思い出だね。

S：当時はさ、インターネットも無かったから自分の目と足で確かめないと分からないことが多かったよね。車検がサーキットじゃなくてジャコバン広場でやっているということだって初めは知らなかった。最初の大きなイベントって分からないことだらけだよ。

H：そう、面白かった。2年目にようやく見られた、自分が思い描いていたダンロップで朝日が昇ってくる瞬間は「ああ、やっぱり綺麗だな」と。一年待った分、その時の感動は強烈にあったよね。

S：82年は結構勉強していったんですよ。まずグループCというのがどういうカテゴリーで、どんなエントラントが来てるとかね、出来る限り調べて行ったので効率よく取材ができた。原さんが一緒だったので少し余裕もあったし。

H：最初の頃は、プレスルームのビルに入るの怖かったな。あのビルのエレベーターに門番がいたんだよ。

S：いたいた、ビルの入り口の所に。

H：そいつに「シッシッ」て言われるんじゃないかと、恐怖心があった。

S：でも原さんのパスはオールマイティなパスだったよ。

H：いや、そうなんだけどさ(笑)、とにかく余裕がなくて。フォトグラファーはプレスルームには入れない、なんて場合もあったでしょ。当時F1のパスは細分化されていたから、トラウマがあって。すべてがおっかなびっくりだった。

S：原さんはそんなことないと思ってた。

H：今なら相手に「お前何言ってんだよ」って言えるけど(笑)、当時はさ、目線があっただけでおずおずと帰るとかね、なんせ初めてのルマンだよ。

S：プレス席のあるあの建物のエレベーターに最初に乗ったときに、初めて生のポール・フレールに会ったんだよ。彼はカーグラフィックで書いていたので、もちろん僕の方はよく知っていたけど……。

H：突然の初対面、どうだった？

S:「カーグラフィックから来たんだ」「彰太郎は元気か」って、それで終わっちゃったんだけどね。で、一緒にプレス席に行って。あの頃って今みたいにモニターもなかったじゃない。だから、そこでラップチャートをつけてたんだよね。当時の耐久レースを取材するのは大変だった。情報といえば、主催者のACOが一時間遅れくらいで出していた時間ごとの順位表で、カーナンバーと車名が書いてあるだけ。でもポルシェの動向がメインだったので、ワークスポルシェのリリースは英語でも必ず出されていて、どういう状況かは分かりやすかった。

H:プレス用のテラス席は、自分で場所を決めるんだよね。カメラマンがチェッカーフラッグを撮るときはその席か、一番後ろ側に立って撮る。ゴールのときにはここに戻ってくるから「ここで撮らせて」とかお願いしてたよね。正面スタンドの4階と5階だった。

S:古い建物で、なんでもないテラス。

H:でも特等席だよ、コースも見渡せて風が通るし爽やかで、音も最高。

S:あとルマンてさ、寒暖の差が激しいじゃない。天気がちょっと崩れると寒いし、天候も辛いときがあったよね。雨も降ったし。

H:『栄光のルマン』なんかを見ていても雨が降ってコースが濡れて陽が当たる── そんなシーンがあるじゃない。でも、俺の記憶の中で雨に降られたことないんだよ。この本を見ても雨のシーンが無い。水飛沫をあげているシーンというのがほぼ1カットもないわけ。

S:原さん、よくそういうの撮りたいって言ってたもんね。雨上がりの綺麗なところね。

H:ところで、ジャーナリストの人たちってあまり動かないじゃない。俺たちは一日中カメラ持って歩いているんで、日中はすごく暑い。夜になると冷えてきて、ブルゾンを着るほど寒くなる。夜明けはとても冷え込むけど、10時くらいになるとまた暑くなるからそれを脱いでって、本当に我々も24時間戦っている感じがした。

S:原さんと動いたときはホテルに帰って寝るっていうのをちゃんとやっていたよね。

H:夜中はホテルに帰ってシャワーを浴びて、2〜3時間仮眠してちゃんと着替えもした。そうすると全然違うんだよね、パワーが。でも、82年の宿は会場から40〜50kmも離れてて、遠かったな。シャワーがあっても、水しか出なかったというイメージもある。パブみたいな所でさ。スパイスチームがそこで呑んでいて、そんなときに飛び込みで行ったら宿のオヤジが「部屋なんかないよ」って。でもスパイスのメカ何かの人が、こいつら日本から来てるんだぜ、なんとかしてやれよってアドバイスしてくれた。そしたら宿の横の納屋のようなところでよかったら泊めてあげるよって。日曜日のレースが終わってパリに帰るときには、来年の宿を探しておこうって近辺を回ったよね。

S:それでどうしたんだっけ。

H:いや結局なかったんだよ。「コンプレ！（complet＝満室）」と言われて、断られ続けたんだ。

S:翌年はいろんなチームにかけあって部屋を分けてもらったりしたものね。宿って大きな問題だから。

H:あの頃必ず、木曜日の昼にACO主催の記者会見があったじゃない。そこでは自分の中では完全にスイッチを切り替えようとしてた。ジーンズとポロシャツ姿じゃなく、その日だけは綿のシャツとチノパンに着替えて。レースモードでなく、せっかくルマンに行ったんだからその雰囲気に自分も浸ろう思った。自分のチャンネルを変えるためにね。

S:僕はワインばっかり呑んでいた気がする（笑）

H:俺もランチ目当てだったけど、あのとき生まれて初めてパテを食べたよ。

S:原さんと動いていて辛かったのは、カメラマンとライターの仕事の違いがあるじゃない。87年か88年かな、ホテルに戻ってから僕は原稿を書かなくちゃいけなくて。ツインの部屋で原さんがスヤスヤ寝ている横で、僕は眠いのに原稿書かなくちゃいけないわけ。熊さん（*当時のCG編集長、熊倉重春氏）の顔が浮かぶからさ（笑）　夜明け近くに原さんだけサーキットに行ったんだよね。それで、原さんが撮影から戻ってきたあと、今度はいっしょに原稿を持ってサーキットのマツダのテントへ行ってFAXで送った。あれが一番辛かった。

H:あの頃はFAXだったんだ。原稿は手書き？

S:そのときはワープロとプリンターを持って行っていた。プリントアウトして、それをマツダにお願いしていたんだ。まだFAXが高い頃で、フランスでA4一枚1000円くらいしてね。マツダチームではそういうサービスもやってくれたので、助かった。

H:国際電話だってプレスルームで交換手を介していた時代だからね。コース上でも無線でなくサインボードが唯一の通信手段だったんだから。

S:夜中にあんなサインボード読めるのかねって言ってたよね。あんな暗い中で。いくらスピードが落ちる所とはいえ。メインのピットからミュルザンヌのタイミングピットまでチームの人間が電話して、「いま何分何秒だった」とか言うんですよ。それで向こうでボードの指示を出す。

H:今回の本の冒頭で使っている電話の写真、アナログもいいとこだけど、俺たちからしてみたら、これがルマンの象徴なんだよね。24番ピットの電話をわざわざ探したんだから。

H:82年は、レース前にコースを一周したよね。

S:全部は行けなかったけど。ユノディエールも走ったし、インディアナポリス、アルナージュ、フォードシケイン近くまで来たと思うよ。

H:でもそのときの印象といえば、なんてひどい路面で、こん

なにコースが狭くって本当にここでレースするの？　っていう。でも一番驚いたのは、レース中なのに、ミュルザンヌのストレートエンドとフォードシケインは、コース横断OKだったこと。考えられないよね。
S: 今じゃ絶対ありえない（笑）
H: 今よりコース幅が狭いといつても400km/h近くからのブレーキングポイントですよ。夜はヘッドライトの光が見えるから怖くなかったんだけど、昼間はすごく怖い。オフィシャルが合図して「行け！」とやる。フォードシケインもそうだったけど、あそこはトンネルがあったはずなのに、なんで俺たちは危険を冒してコースを横断していたんだろう（笑）。その頃はオフィシャルもさ、「俺が仕切っているんだ。その俺がいいって言うんだからOKだよ」というのがあった。おじいちゃんがテントの横で座って見ていて、親父が旗ふって、息子もその横で見ているっていうね。ずっと続いていくんだよ、何年も。歴史だよね、かなわないよね。
S: あとコースの話でいうと、ほとんどが一般公道だもんね。モナコのときもそうだったけど、こういうサーキットって日本にはなかったから、その新鮮さと驚きみたいなものがあった。
H: それと、当時はフィルムを持っていってもせいぜい100本位じゃない。そうするとフラストレーションが溜まるわけ。撮りたいんだけど、フィルムが底をついちゃったら……と計算しながら撮らないといけない。F1なら1時間半で100本使ってもいいけど、やっぱり24時間で100本というのは……。ルマンの最高の魅力は、昼があって日暮れがあって夜があって明け方があって、もしかしたら雨があって、様々に条件が変わるところ。また、行動範囲が広がると、ミュルザンヌ、インディアナポリス、アルナージュも行ける、「あ、アルナージュでこんな光があった」って発見するわけ。去年はここを撮り損ねちゃったけど、再度トライしてみよう、今年はもっといい光になるんじゃないかとか。そんな、常に"欲"が出ることが楽しい。でも行ってみたら曇っていたりして……。それに、ピットだって当時の憧れのF1ドライバーが大勢いたんだから。
S: アンドレッティとか、パトレーゼとか、アルボレートとか大勢。
H: この頃は、練習走行でもそうだけど、みんな常にレーシングスーツ姿でいたじゃない。だから絵になっちゃうんだよね。
S: 最近はパッとモーターホームに入っちゃうじゃない。だから捕まえるのが大変。この時代はプレスが立ち話できた。チームの広報みたいな人もいなくて。ピットの裏とかで、「今どう？」とか、ポルシェチームのノルベルト・ジンガーだとかに話を聞くこともできた。
H: ピットがめちゃくちゃ狭かったから、走行前には裏のパドックにマシーンがずらっと並んでいて、メカが押しながらピットロードに入っていく。いろんな写真が撮れたよね。
S: 狭かったよね。本当に。走行中は危なかったもの、ピット。
H: ピットロードの制限速度もなかったでしょ。走行が終わると必ず、裏のパドックのテントに車を持っていくんだもんね。ピットでメインテナンスできなかったから。
S: 当時はピット前でシャシーナンバーなんかも調べてたんだ。確かそうだよ。控えていた覚えがある。えーとこれが001で、こっちは002とか（笑）、
H: でも、阪君は編集部に帰ってからが、一仕事だったよね。
S: 原さんと相談しながら記事に使う写真を選んで、たまに原さんが「これ使おうよ」っていうと、「これ原さん、車あんまり写ってないんだけど」って（笑）。そうすると、「ほらここのところにライトが見えるじゃん」とか（笑）、僕から見ると暗いんだけど、原さんから見ると暗くないんだよ。
H: そんなに暗かった？　今でもよく言われる。
S: いや全部が全部じゃないけど（笑）。でもさ、スタートの写真があって、次に1、2、3位で、あとは表彰式、みたいなパターンにはまった記事は作りたくなかったじゃない。
H: やっぱりお互いに現場にいて、その年の自分の中でのレース・ストーリーがあるからさ、それはお互い主張したよね。たとえば、84年のイエストのゴール後の写真なんか、すごく大変なのよ。ゴール後に観客がいっぱいコース上に入ってくる、そこに自分が入っていくのは勇気がいるんだよ。ルール上、本当に行っていいのか分からないし、でも遅れたらそこまで行き着けなくて失敗する。安全にテラスから撮れば定番のゴールシーンで済んじゃうんだけど。でも、もしその勇気を振り絞って行ってみて、フィルムに収められたら、最高だよね。
S: レーシングカーが走っている写真ってだんだん飽きてきちゃって、ちょっと変わった誌面を作りたかったというのはずっとあった。
H: なおかつルマンの雰囲気を伝えたいという。現場の空気とか匂いが大事で、シズル感みたいなものを一番に読者へ、というのはあった。
S: ストレートに正面で撮ったような写真ってあまり使わなかったですよね。証拠写真的な意味で使ったことはあるんだけど。
H: いままでもずっとそうなんだけど、俺は撮った写真を全部編集者に見せるっていうことは一切しない。自分の中でも「今年のルマンはこうじゃないか」というのがあって、それを自分なりにセレクトしてからしか見せない。使う側からのリクエストがあれば追加することもあるけど、そのレースで自分が感じた物語が最初で、それをカーグラさんや阪君なら分かってくれるというのがあるから持っていくわけで。
S: 自動車のレースって、パッと見た目はレーシングカーが主役なんだけど、本当の主役は人間だと思う。だから24時間の中にいるドライバーやチームの人、オフィシャルとか、そういう人たちが戦っている、あるいはふっと息を抜いているような瞬間とか、そのドラマみたいなものが出る写真を使いたいなっ

て思っていた。F1だって、モナコのシャンパングラスの写真、あれはカッコよかった。ああいう写真ってあの頃原さん以外撮る人がいなかった。他の雑誌にもなかった。

H：よく昔は、出版社が作家を育てたというけど、写真の世界でも同じで、編集の人たちとのコミュニケーションがあって育ててもらえたという気はするよね。ポルトガルで初めてセナが勝ってメカと抱き合っている写真なんて、カーグラフィックを見て「なにこれすごくいい写真ですね」って言ったら「何言ってんだお前が撮ったんだよ」なんて言われて（笑）あのレースだけは現地からフイルムを送っていて、自分でセレクトできなかったから。もう一つ言えるのが、今と違ってその場では絵を見ないじゃない、フィルムだから。撮った瞬間にはどう写っているか分からない。今のデジタルは即物的にすぐ見られちゃうから、それで満足しちゃう。たぶん余韻がないんだよ、撮る側にもね。それが良いことなのか悪いことなのか分からないけれど。今だと俺の写真、どう考えても「露出間違えたの？」っていう風になるわけよ（笑）

S：スピリットホンダF1のブランズハッチでの逆光の写真、あれは強烈だったよね。なんで昼間なのに夜のレースになっているんだろうなって（笑）。

H：でもさ、せっかく行ったんだから、人と同じような写真を撮っても仕方がないじゃない。それが大前提でさ。……そうなんだ、俺の写真暗いんだ（笑）

S：いや当時はね、そう思ったのよ。今はそんなこと思わないけど。

H：俺はモノクロ写真で育ったから、色のないものを見過ぎたのかもね。

S：ルマンもF1もそうだったけど、原さんに、こういう写真お願いねっていうのはしなかった。必ずちゃんといい写真を撮ってくる、絵になるものを撮ってくると信じていたから、リクエストもなにもしなかった。

H：でもさ、初めて行った81年の写真を見ると、やっぱり負けているんだよね。被写体に。迷っているし余裕がないから、普通の写真しか撮れていない。83年頃からは少しずつ集中できていた。毎回条件は変わるけど、ルマンというのは撮る側からしてみたら魅力的な被写体だったよね。もちろんF1もそうだけど。当時のモータースポーツは、もっと人間が近かった。普段では見られない世界、ヨーロッパのレースはそういうものを見せてくれるから、そこで気付いてシャッターを切る。せっかく今この空間にいるんだから、見たい、知りたい、全身で感じたいとか思うでしょう？　正直いうと、走っている車だけなら、他の人が撮ってるんだからその人に任せればいいじゃないという割り切りもあったよね。

S：原さんの写真を僕が大好きなのは、レースで自動車だけ、レーシングカーだけを切り取るんじゃなくて、そこに関わっている人々がどういう風にそのレースを楽しんでいるか、あるいはどういう風にそのレースを見ているか。そういったものがひとつの画面の中に写り込んでいるところ。自動車レースって車で戦うものだけど、基本的にはやっぱり人と人の戦いでしょう。それから人が集まって協力して目標に向かっているものですから、やっぱり人間が写真にも表れているところが、なんといっても原さんの魅力なんです。いつも原さんの写真には唸っていました。

阪　和明（さか・かずあき）
1952年東京生まれ。76年に編集部に加わり、モータースポーツを中心に担当。のち、CAR GRAPHIC 三代目編集長（1995～2000年）に。現在はフリーランス・ライターとして、自動車、モータースポーツ、旅、鉄道関連の記事を中心に活躍。

CAR GRAPHIC PHOTO COLLECTION
Group C
Le Mans 24h 1982-1991

2015年5月25日　初版発行

発行者　加藤哲也

発行所　株式会社カーグラフィック
〒153-0063
東京都目黒区目黒1-6-17目黒プレイスタワー10F
電話　代表:03-5759-4186　販売:03-5759-4184

写真:原　富治雄

編集協力:北畠主税

執筆:大串　信

デザイン:平林直人(bricolage)

印刷　凸版印刷株式会社

Printed in Japan
ISBN978-4-907234-08-9
© CAR GRAPHIC
無断転載を禁ず